高塚人志 著
Hitoshi Takatsuka

いのちを慈しむ
ヒューマン・コミュニケーション授業

大修館書店

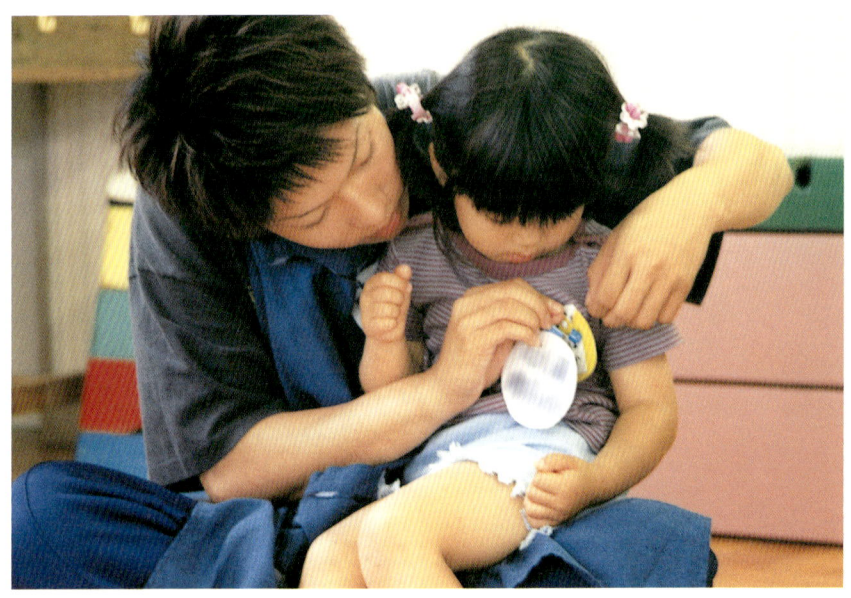

高校生と保育園児、高齢者とのヒューマン・コミュニケーション授業

鳥取県立赤碕高校生は、1年生から3年間にわたって保育園児と高齢者とそれぞれ1対1での交流授業を受けた。

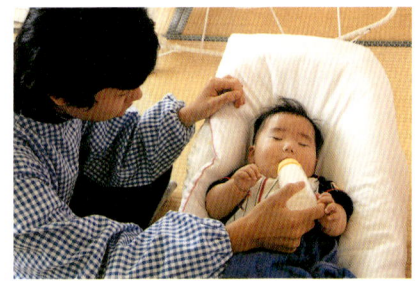
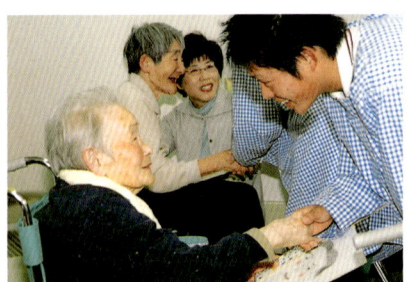

医学科の1年生と保育園児、高齢者とのヒューマン・コミュニケーション授業——1

0歳児から3歳児の園児たちと半年間(毎回3時間。連続10週間)にわたる必修授業。高齢者施設の高齢者とも半年間にわたって1対1の交流授業を実施。

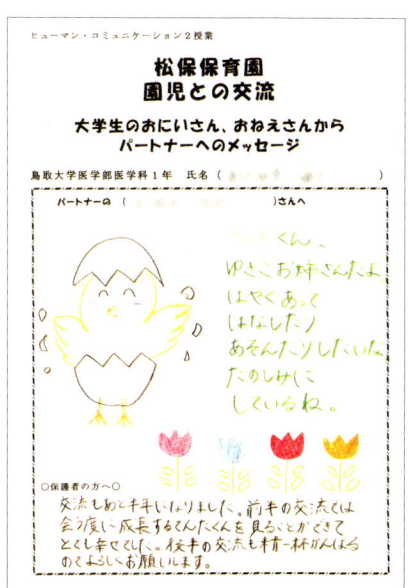

医学科の1年生と保育園児、高齢者とのヒューマン・コミュニケーション授業——2

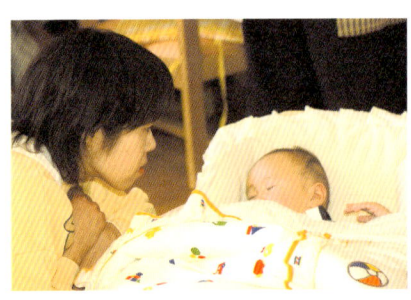
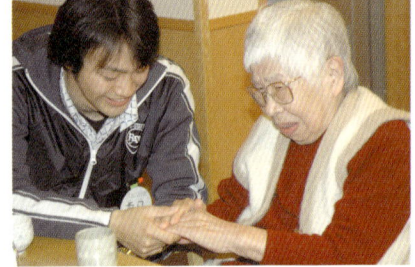
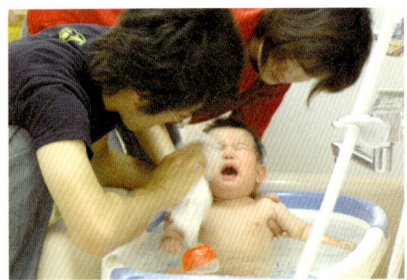

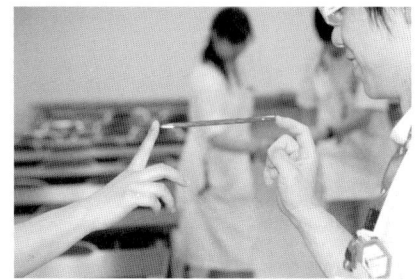

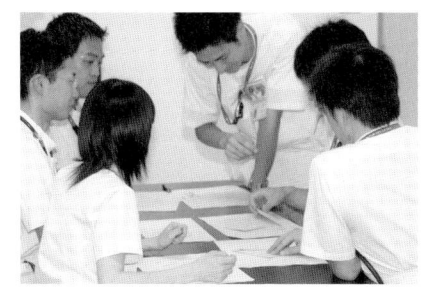

研修医・職員を対象にした体験学習と授業後の学生の変容

鳥取大学医学部附属病院では、研修医や病院職員にもヒューマン・コミュニケーション授業が行われている(上)。ヒューマン・コミュニケーション授業後(2月)の学生の変容(医学科1年生32名)(下)。

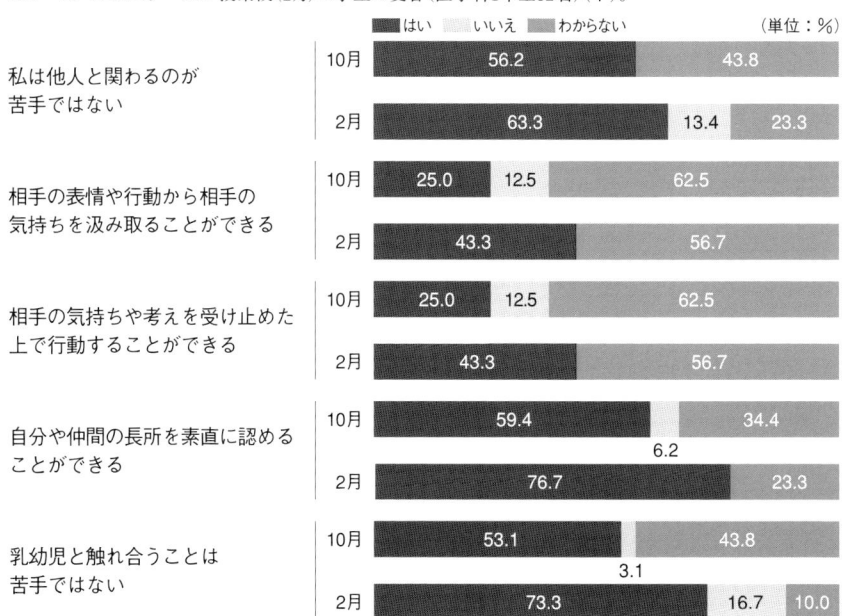

		はい	いいえ	わからない
私は他人と関わるのが苦手ではない	10月	56.2		43.8
	2月	63.3	13.4	23.3
相手の表情や行動から相手の気持ちを汲み取ることができる	10月	25.0	12.5	62.5
	2月	43.3		56.7
相手の気持ちや考えを受け止めた上で行動することができる	10月	25.0	12.5	62.5
	2月	43.3		56.7
自分や仲間の長所を素直に認めることができる	10月	59.4	6.2	34.4
	2月	76.7		23.3
乳幼児と触れ合うことは苦手ではない	10月	53.1	3.1	43.8
	2月	73.3	16.7	10.0

(単位:％)

「園児の笑顔に照られされて」

　私は小、中学といじめを受けていましたが、ただ一人頼れる親友がいました。

　しかし高校一年目のある夜、親友の仲間達から集団暴行を受けてしまいました。

　私は、心も体も傷付き、誰も信じる事が出来なくなり、いつも死ぬ事ばかり考えていました。この悩みを相談したくても人が怖くて話せないし、また相談して以前のようにいじめられたらと思い悩み、高校の通学時に電車で死のうと考えたこともありました。

　その時、高校で三年間コミュニケーション授業がおこなわれていたのです。毎週のようにパートナーの園児と顔を会わせ、その笑顔で心が癒されました。小さな子どもの純粋な心が日常の辛さを忘れさせ、いつしか園児には心を開くことが出来たんです。

　そして「生きてみようかな」と思わせたのは、園児が交流の別れ間際に言う「お兄ちゃん、次はいつ来るの?」と言う言葉でした。

　少しでも自分のことを必要に思ってくれる園児に、悲しい思いはさせられないと思ったんです。園児の笑顔に照らされ、そして私はこの授業に救われました。

　同時に、高校より早い小、中学校でこのような授業があればと強く思い、そのことを高塚先生にも伝えました。全国の子ども達がコミュニケーション授業を体験し、「人と関わることを喜びと思って欲しい」、「みんながもっと優しくなって欲しい」と。

　なにより、私のような人をこれ以上増やさないために、全国にこの授業が広まってほしいと思います。

　高校三年の時、励ましの手紙という、自分にあてた手紙を書き発表する授業が行われました。

　私は人前で話すのはあの地獄を思い出す事にも繋がるのは分かっていましたが、ここで暴行のことを話そうと思い、手紙を書きました。この時私は「一生過去と向き合って生きて行こう」と決心しました。

　手紙をみんなの前で読んだ私は、暴行の事に近づくにつれ胸が苦しくなり、堪えきれずみんなの前で泣いてしまいました。クラスの仲間が真剣に聞いてくれているのが伝わり、読み終えても涙が止まりませんでした。

　私はもう社会の一員です。このコミュニケーション授業で活かされた志は、今の世の中を前向きに生きるように私を変えてくれました。私はこの授業をとても感謝しています。

2005年度
鳥取県立赤碕高校卒業生

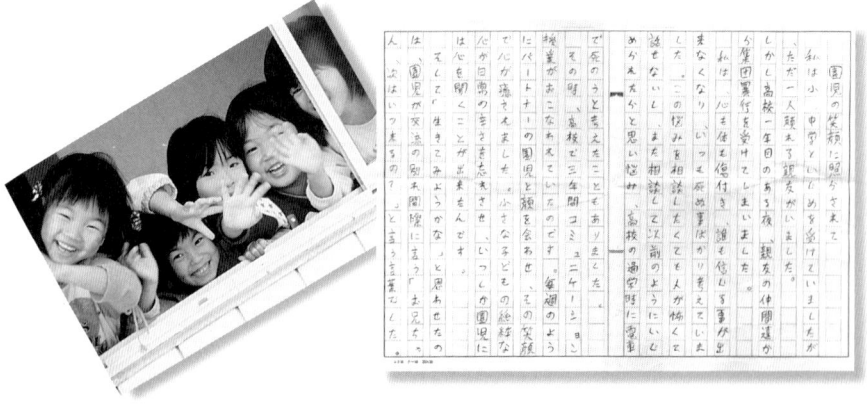

ヒューマン・コミュニケーション授業についての感想

● **赤碕高校の生徒の声**

中学生の先生にたくさん迷惑をかけた。「先生がわかってくれないから」とよく言っていたが、あれは先生が悪いのではなく、先生のことをわかろうとしなかった自分が悪い。今、こうして気づけたのはこの授業のお陰だと思う。

● **鳥取大学医学科の学生の声**

もともと、私は、人と話すのは嫌いで小さな子どもたちは無条件に嫌がっていたが、今回の実習で、大きく変わった。このような交流実習が一度もないまま、医師として社会に放り出されることを想像したら、身が震える思いだ（2歳児担当、女子学生）。

● **保育者の声**

「交流」というとらえ方の幅が拡がりました。様々なペアの様子や医学生、子どものつぶやきからそばにいて、同じ空間にいることだけでも立派な交流だということがわかりました。一緒にいてくれて安心すること、手をつないであたたかさを感じることなど。また、交流する子どもたちの姿を見ていて、客観的に子どもたちの言動を把握出来たり、子どもたちのことをより知ることができました。

医学生さんの姿を見て、私たちも一人ひとりゆったりとした関わりをもつことの大切さを確認しました。

● **園児の保護者の声**

医学生さんが子どもたちに全力投球している姿を見て、子どもって合わせ鏡だと気づかされました。「自分がどんなに忙しくても、子どもの話に耳を傾けること」「何よりもしっかりと抱きしめること」など、いつもできることなのに医学生さんに教えてもらいました。

このような交流は、今の時代になくてはならない大切な心の授業だと思います。

はじめに

　今の世の中、どう考えても大切なネジがゆるんでいるのか、ネジが完全に外れてしまっているのか、何か変だ。毎日のようにマスコミで報道される事件は、都会も田舎も関係なく大人から子どもまで広がっている。保育現場では落ち着かない子どもたちが目立ち、学校現場ではいじめ、不登校、学級崩壊、自分勝手なふるまい、コミュニケーションのとれない子どもたちが目立つ。地域では人間関係が希薄で人のことは見て見ぬふりはあたりまえになった。親と言えば、子育て不安を抱え、虐待も止まらない。今や子どもたちだけでなく大人も心を痛めて職場を去ったり自ら命を絶ったりする人も少なくない。

　このようななか、とくに教育関係者はこのままではいけないと思って、子どもたちのいのちの視点で、それぞれがさまざまな取り組みをしている。そうしたなかの一つとして、私たちの取り組みをもっとたくさんの人たちに知っていただけたらと思い、この本をまとめることになった。人間関係が人を育てるのだが、その人間関係が軽くてはどうにもならない。私たちは好むと好まざるとにかかわらず、集団のなかで他人と関わり合って育ち、他人と協働し、さまざまな役割を果たしながら生活している。つまり、他人との関わりが私たちの人生を大きく左右する鍵を握っているのだ。しかし、そのことに気づいている人は多くはない。だから、人にとってあたりまえのことを学ぶ場を意識的に提供することが欠かせない時代だと言える。

　それには、鳥取県立赤碕高校と鳥取大学での授業実践が大きなヒントになるものと確信する。この本で紹介するような取り組みを全国の小・中・高校生が体験するようになれば、その子どもたちが親になる10〜20年先の子育ては大きく変わるだろう。何よりも、いのちを慈しみ、他人の心の痛みがわかる子どもが育つはずだ。そのうえ、子育てへの不安や子どもへの虐待も減るだろう。地域においては、地域の祭事や行事に参画する人が増え、地域や職場は今まで以上に温かで活気のあるものとなるだろう。

　そのためにも、次代を担う子どもたちの教育に今まで以上に心血を注ぐべきだ。子どもたちが集い、学ぶところは学校でしかない。算数や理科、社会などの教科授業は、繰り返し学ぶことで刷り込まれるが、人としての生き方や在り

方、人間関係やコミュニケーションも、集団のなかでこそ学ぶことができるのだ。学校という集団のなかで、子どもたちにいのちへの畏敬をはじめ、親への感謝、ホスピタリティ・マインド（思いやりの心）への気づき、「役立ち感」などを実感させられれば、自己肯定の芽を育むことになり、それが学ぶ意欲や働く意欲にもつながるであろう。

1994年から始まったこの授業実践も鳥取県伯耆町立岸本小学校、鳥取市立佐治中学校、三重県立桑名北高等学校、徳島大学医学部など、全国の小・中・高・大学へと広がりつつある。ただし、教育現場には課題が多くあり、このような授業実践を行うには困難がつきまとうだろうが、日本中の子どもたちのためにも徐々に広がっていってほしいと願っている。

本書では、私が勤務した赤碕高校9年間の人間関係づくり授業のなかで生涯忘れることのできない授業実践を紹介している。ある年の新入生には、精神的に不安定な生徒が少なくなくて、学校全体が落ち着かなかったために行った人間関係体験学習のドキュメントをはじめ、鳥取大学医学部医学科でのヒューマン・コミュニケーション授業のようすを、指導案やシラバスも盛り込みながら紹介している。まったくマニュアルのないなかで試行錯誤をしながら実践してきたため、不十分な面もあるだろうが、全国の子どもたちや保護者、学校、行政、医療、介護、子育てに関わる人など、たくさんの方々に本書を手に取っていただければと願っている。

学校現場では、何か問題が起きるとスクールカウンセラーや教育相談の充実が叫ばれるが、相談に行けない子どもたちも少なくない。いじめで苦しんでいた赤碕高校の男子生徒が、「自分を自殺から救ってくれた最高の授業だった」と言ったように、この授業はすべての子どもたちの心の大掃除をするものとも言える。

子どもたちの心を揺さぶり、癒し、元気とやる気、勇気を与え、よりよく生きていくための土台づくりに、本書が少しでも役立てば幸いである。

高塚人志

目次

口絵………2
はじめに………8

プロローグ　今、なぜヒューマン・コミュニケーション授業が必要なのか

［1］今の子ども、昔の子ども………14
1——子どもを取り巻く状況………14
2——昔の子どもの遊び………16
3——今の子どもの遊び………19
［2］なぜ、コミュニケーション授業なのか………20
1——メディア漬けは子どもの心を蝕む………21
2——大人になるための準備教育が不可欠な理由………22

第1章　「死の病」を体験して知ったいのち
——教育の原点、定時制高校から学んだこと

［1］"陸上競技日本一"の教師を目指したスタート………26
1——教師を志した理由………26
2——"高校日本一"の選手をつくることが保健体育教師の仕事だと思って………28
3——肝炎に倒れて、初めて死を覚悟………28
4——「食はいのち」なり………30
［2］**転機は夜間定時制高校から——問われた教師としての人間性**————………32
1——17年間で初めて耳にした生徒からの言葉………32
2——定時制高校生から学び、家族に支えられて………33

第2章 コミュニケーション授業の意義と赤碕高校での実践

[1] コミュニケーション授業の始まり………38
1──全国初のコミュニケーション授業………38
2──三本柱のコミュニケーション授業だったが………39
3──園児や高齢者に癒された心地よさが蘇って………41

[2] 慌ただしく始まった園児との交流………45
1──年度の途中から始まった緊急プログラム………45
2──校内での事前学習………46
3──保育園での交流………48

[3] 園児との交流を終えて………63
1──交流体験後の授業………63
2──人間関係体験学習を終えて………65
3──高校生たちの声………74
4──最後の授業………77

第3章 鳥取大学医学部でのヒューマン・コミュニケーション授業

[1] 鳥取大学医学部での実践………84
1──退学を思いとどまらせた乳幼児との交流………84
2──保育園や高齢者施設への働きかけ………84

[2] 鳥取大学医学部の人間性・人間関係教育………89
1──患者の心に寄り添える医師を目指して………89
2──人間関係を学ぶ(基礎編)………91
3──人間関係を学ぶ(実践編)………92
4──期待される効果………93

[3] 始まった「ヒューマン・コミュニケーション1」授業………95
1──学内での授業………95
2──保育園での交流………101

［4］園児との交流を終えて………120
1──励ましの手紙………120
2──学習の成果と課題………125
［5］気づきの体験学習………132
1──1回目の授業の演習………132
2──2回目の授業の演習………138
［6］高齢者施設利用者との交流………146
1──2年次生での高齢者との交流………146
2──交流を終えて………153

エピローグ **これからの教育への提言**
──子どもの心を育てるには

1──他人と関わるのが苦手な大学生………166
2──他大学医学部医学科、研修医、病院職員研修などで注目………166
3──医師を目指す学生………168
4──少子化対策・虐待防止………170
5──日本が変わる………171
　　　参考文献一覧………172

付　録
資料1　授業エゴグラム調査より………174
資料2　アンケートに見る授業前と授業後の変化………176
資料3　乳幼児との関わりについてのアンケート調査結果………178
おわりに………185

プロローグ
今、なぜ
ヒューマン・コミュニケーション授業が
必要なのか

1
今の子ども、昔の子ども

1 ── 子どもを取り巻く状況

　今の時代、物や情報があふれ社会は豊かになったが、ややもすると「お金が一番、いのちは二の次」といった生き方のなかで、明治・大正生まれの人たちを尻目に昭和生まれが病に倒れては亡くなり、親より先に子どもが死ぬという逆仏現象が起きている。平成生まれの子どものなかには、アレルギーを背負って生まれてくる者も少なくない。今や子どもから大人までが、健康不安を抱えながら生活するようになっている。

　そして、高度経済成長以降、世間で言う「いい高校から少しでもいい大学、いい会社に入って高収入を得ることが幸せ」という図式から脱しきれないわが国は、今や地域や家庭のなかは、つながりも絆も弱いものになった。

　家庭に目をやると、大人も子どもも家庭のなかに居心地の悪さを感じ、悲鳴とも言える心の叫びが聞こえてくる。傍目には明るく元気そうにふるまっている人も不安やイライラ、孤立感など、誰もが寂しさを抱えては、自分や他人を傷つけながら「何かが変だ！」と思いながら今を生きている。

　不登校や引きこもり、学級崩壊、他者への攻撃のいじめ、自殺、コミュニケーションがとれない、人の話が聞けない、自分勝手なふるまいをする、さらに、

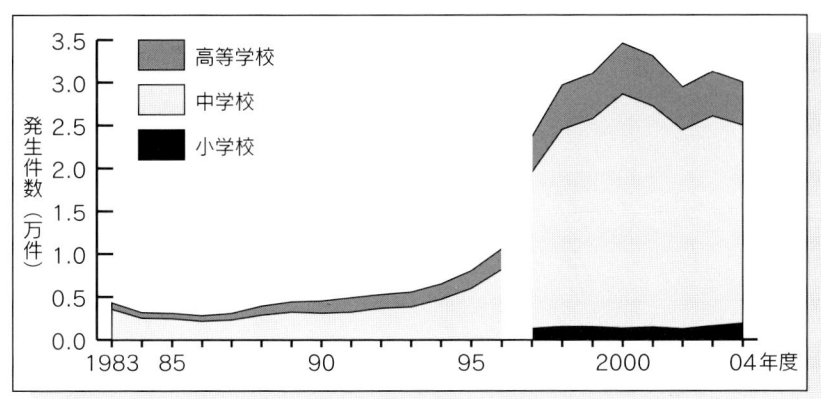

※1997年度から調査方法等を改めたためそれ以前との比較はできない。
（文部科学省『生徒指導上の諸問題の現状について』2006年）

図1　学校内における暴力行為発生件数

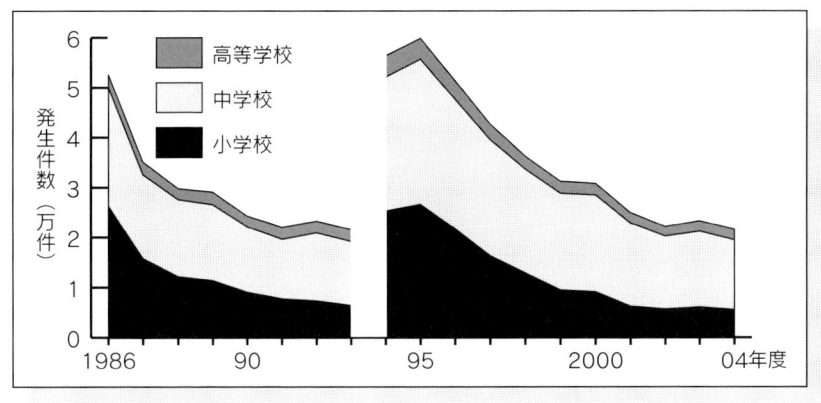

※1994年度から調査方法等を改めたためそれ以前との比較はできない。
（文部科学省『生徒指導上の諸問題の現状について』2006年）

図2　いじめの発生件数

　子どもによる凶悪犯罪も続発しており、子どもたちの心の育ち方はもはや危機的状況とも言える（図1〜4）。

　なぜ、このようなことになったのだろうか。

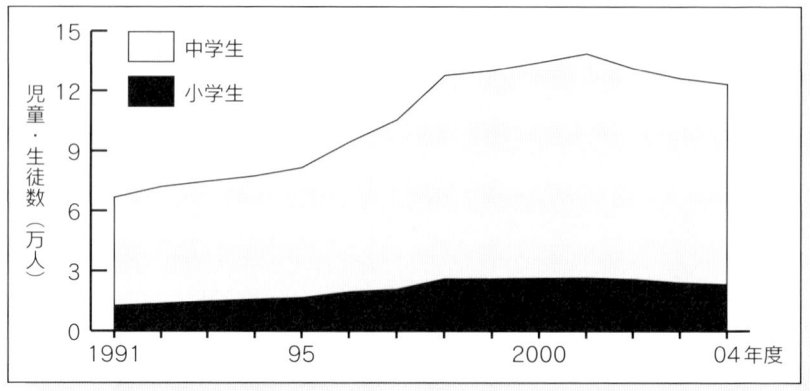

図3　不登校の児童・生徒数　　　（文部科学省『生徒指導上の諸問題の現状について』2006年）

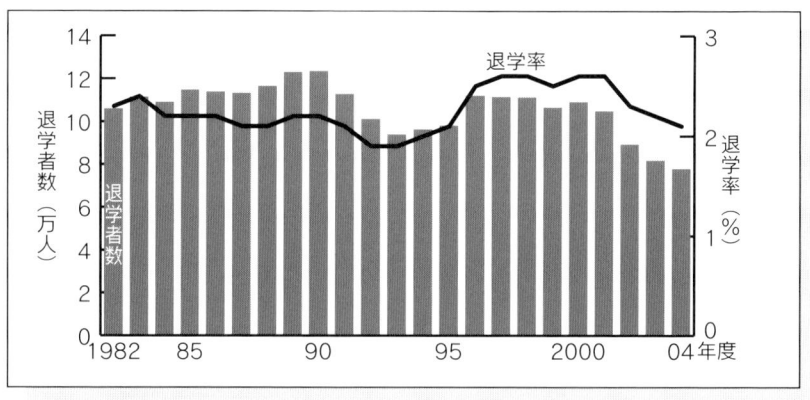

図4　高校における中途退学者数　（文部科学省『生徒指導上の諸問題の現状について』2006年）

2——昔の子どもの遊び

　一昔前の日本には「よく学びよく遊べ」という言葉があったように、遊びは子どもたちにとって親や大人になる前の準備教育であった。私の幼い頃と言えば、仕事や手伝いの合間をぬって、群れをなして、かくれんぼに缶蹴り、鬼ごっこ、チャンバラごっこなどで汗をかき、土にまみれて、真っ暗になるまで遊んでいた（写真1～3）。

　こうして、自然と連動した生き方のなかでさまざまな自然界のいのちと出会

[1] 今の子ども、昔の子ども　プロローグ

写真1　手作りの水鉄砲で遊ぶ子どもたち——1958年、長野県阿智村
（熊谷元一撮影、熊谷元一写真童画館所蔵）

写真2　1980年代初頭の東京下町の子どもたち
（荻野矢慶記撮影）

写真3　田んぼの代掻きで牛の鼻取りをする子ども——1953年、長野県阿智村
（熊谷元一撮影、熊谷元一写真童画館所蔵）

い、生命の神秘さに触れ、豊かな感性が育まれた。ときには取っ組み合いの喧嘩もしたものの、それは他人の痛みを知ることにもつながった。また、小刀で飛行機の模型などをつくる際に、誤って自分の手を傷つけたりもした。痛かったが、その痛みのおかげで、決して他人に刃物を向けてはいけないということも学んだ。

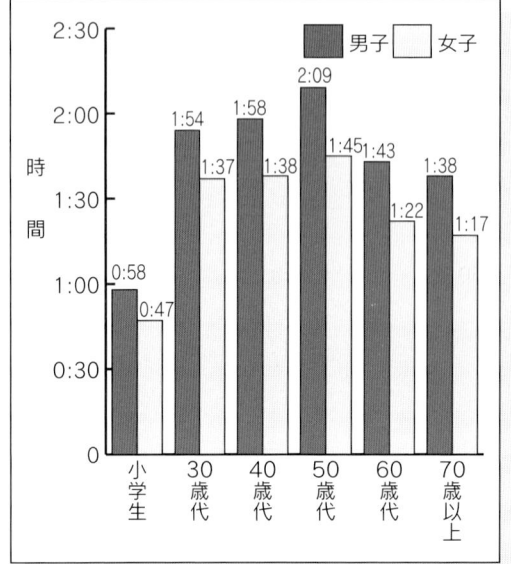#
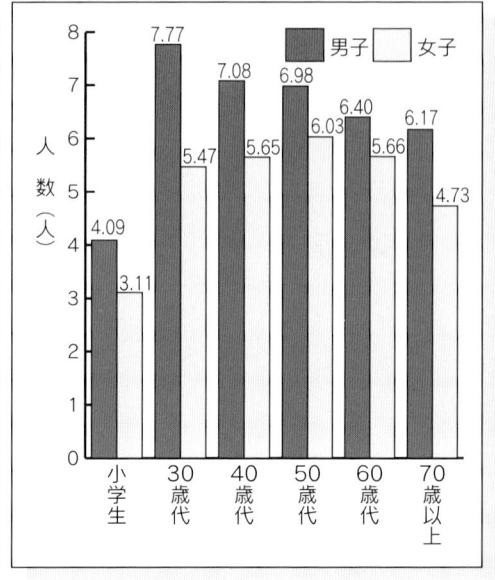

（中村和彦、1999 年）　　　　　　　　　　　　　　　（中村和彦、1999 年）
図5　子ども時代の外遊びの時間の変化　　　　　図6　子ども時代の遊び仲間の人数の変化

　子どもたちの遊びは、子どもの健やかな発達にとってなくてはならない大切な気づき、体験学習の場だと言える。どんな遊びでもルールや役割があり、仲間からの承認があり、責任を果たしたという感動もある。そのなかに、道徳性、倫理性、社会性が自然と育まれるしかけもある。また、さまざまな年代の子どもが関わりをもつことで、お互いに理解を深め、年下の子どもに対する心配りや人にやさしくすること、年上の子どもへの尊敬やあこがれ、約束を守ることの大切さなど、人との関わり方に関するさまざまなことを自然に身につけた。小さな子どもたちは、年上の子どもや大人の役割を見て育ち、大きくなったら年下の小さな子どもたちに技や知恵を伝えた。

　こうして子どもたちは、大人になるための予習をしながら、公共のために自分の時間や力を注ぐことを、社会参画しながら培った。それは、人間理解を深めることに通じ、ひいては対人関係のもち方に好ましい影響を与えることにもなった。

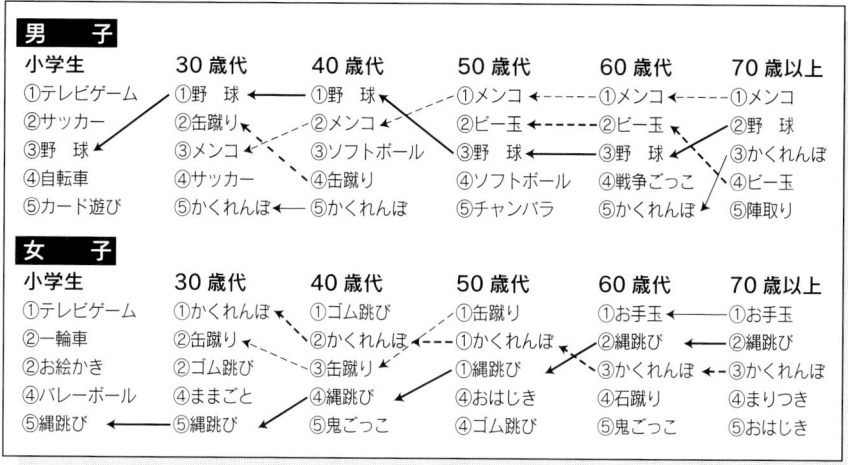

図7　年代別に見た子どもの遊びベスト5　　　　　　　　　　　（中村和彦、1999年）

3——今の子どもの遊び

　高度経済成長以降、町や村から子どもたちの元気に遊び回る声は消えた。河川での遊泳や公園での遊びも制限され、子どもたちの居場所が狭められていった。今の子どもたちは、プールでいくら泳ぎがうまくなっても川や海の自然の神秘さに心を奪われたり、生き物に触れたりして学ぶことがないまま大人になっていく。

　また、異年齢での外遊びや集団遊びが子どもの世界から消え（図5～6）、子どもたちの主な遊び場は、自分で遊びを考えなくても座っているだけで楽しめるテレビゲームなど、家のなかになった（図7）。

　集団のなかでの挫折も含めたさまざまな体験もない。つまり、遊びを自分でつくる体験が少なければ少ないほど、自分で考え自分で行動する力が身につかない。一人遊びでは社会性は育たないのだ。当然、人との関わり方もわからず、人間関係の機微を覚えることも少ない。そんななかで、人との関係性に関わる力が弱く、学校や職場にうまくとけ込めずに心を閉ざしたり、心を痛めたりする子どもや大人が増えている。

2
なぜ、
コミュニケーション授業なのか

　高度経済成長以降、地域から小学生くらいの年上の子どもたちが幼子を子守りしている姿を見なくなって久しい。それまでは仲間と遊びたいのをじっと我慢して、幼い弟や妹、近所の幼子をまるでお父さんやお母さんのようにやさしく子守りしたものだ（写真4）。
　人は人と関わることではじめて相手に対する関心や愛情がもてるようになるが、こうした人間関係体験は、立派な「親への準備教育」でもあり、「赤ちゃんがかわいい」「赤ちゃんを欲しい」と思う気持ちを育み、子どもたちの人間関係能力も育てた。しかし、鳥取大学の1年生に行ったアンケートによると、38.2％の学生が「赤ちゃんにほとんど接したことがない」と答えている（対象：工学部・地域学部・医学部保健学科、回答人数465人、2006年7月調査）。少子化が進むなかで、家庭内で赤ちゃんと関わる機会がめっきり少なくなり、多くの学生は、親になってはじめて赤ちゃんと向き合うような状況になっている（図8、詳細については付録の資料3参照）。
　こうして、本来の伸びやかな生命力をからだの奥底に追いやられた子どもたちには、心やからだに当然のことだが歪みが生じる。家庭や学校で「いい子」を演じ続けていても、子どもたちの心は毎日のように揺れ続け、悲鳴とも言える信号を発している。

写真4　幼い弟をおんぶする女の子
　　　　——1950年、長野県阿智村
　　　（熊谷元一撮影、熊谷元一写真童画館所蔵）

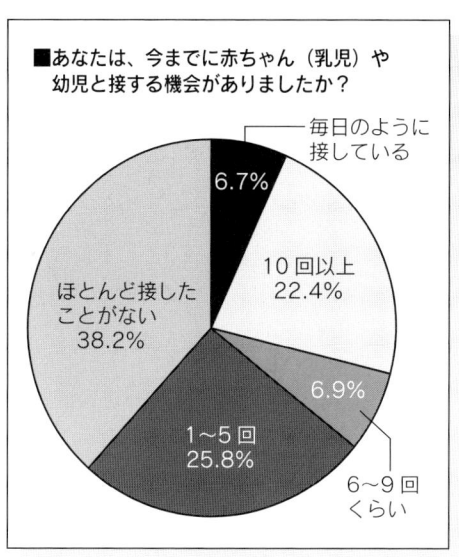

（鳥取大学1年生、回答数465人、2006年7月調査）
図8　赤ちゃんと関わる機会の少ない今の学生たち

1——メディア漬けは子どもの心を蝕む

　今の時代に子育てをしている親たちは、高度経済成長以降に生まれた世代が大半である。この世に誕生したときにはすでにお茶の間にはカラーテレビがあり、テレビと関わってきた時代の子どもたちが親となり子育てをしているのだ。そんな親たちは、テレビを見ながら赤ちゃんに授乳したり、テレビやビデオに赤ちゃんの子守りをさせながら自分のやりたいことをすることになんの違和感ももたない。

　テレビと向き合う時間が長くなるにつれて、家族が共有する体験や見つめ合う場が減少するが、1999年、アメリカの小児科学会は全米の小児科医に対して「2歳までの子どもたちにテレビやビデオの視聴を避ける」など、メディア漬け育児への警鐘を鳴らした。そして、わが国でも日本小児科学会が「2歳までのテレビ、ビデオ視聴を控え、それ以降もメディア接触は1日2時間までを目安とする」ことを提言した。

乳幼児期から長時間メディアに接触すると、外遊びの体験の少ない子どもたちでは、コミュニケーション能力が育たなくなる可能性がある。つまり、一方的に情報を受け取るだけの生活だと、相手の気持ちをしっかり受け止めたり、言葉や態度で自分のことを表現することができなくなってしまうおそれがある。このように、人と言葉を交わさずにメディアと接触するということは、今までの歴史のなかではなかったことだ。

　子どもたちは、自然や人との交流体験という現実体験が未熟なまま、テレビ画面のなかで手足や首がなくなるようなバーチャル（仮想現実）体験を繰り返す。子どもたちは画面を見ても痛みや苦しみは感じないし、痛みや苦しみを想像することもない。そして、ボタンを押せばまた手足や首は元通りになる。

　私たちが幼少の頃は、自然のなかで五感をフルに使って遊ぶなかで、転んで血がにじむ体験や、虫や蛇、蛙などを殺すと二度と蘇ることがないということを何度も体験した。このような現実体験もないままメディア漬けの生活を送ることによって、子どもたちの生命感覚や身体感覚に歪みが生じてもおかしくはない。

2——大人になるための準備教育が不可欠な理由

　人間関係が希薄な今、社会性に欠け、感情をコントロールできないなど、対人コミュニケーションに問題を抱える子どもたちが増えている。そして、相手の立場に立ち、相手を思いやったり感謝の気持ちを言葉に表現して伝えたりすることすらできない子どもがたくさんいる。人間関係が人を育てるのだが、その人間関係が軽くて薄いものではどうにもならない。私たちは好むと好まざるとにかかわらず、集団のなかで人と関わり合って育ち、他人と協働し、さまざまな役割を果たしながら生活している。つまり、他人との関わり具合が私たちの人生を大きく左右する鍵を握っていると言える。

　そこで必要となるのが、ヒューマン・コミュニケーション授業（人間関係体験学習）なのだ。人のいのちの大切さや人間関係、心のありようの問題が社会問題にまでなり、「心の教育」の必要性が全国的に叫ばれている。だからこそ、学校教育の現場に人間関係づくり、コミュニケーション授業を導入し実践して

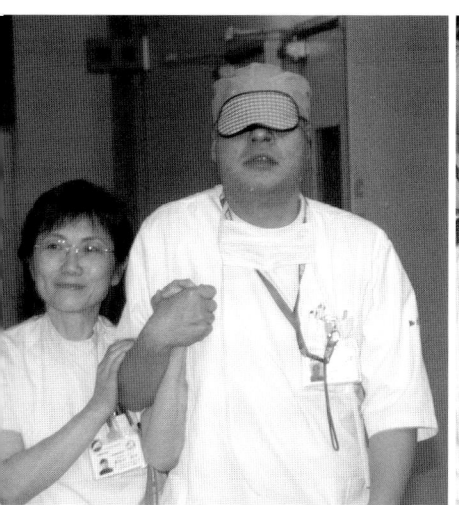

写真5　鳥取大学医学部附属病院の研修医・職員を対象にしたホスピタリティ・マインドへの気づきの体験学習

いくことは、子どもたちの本来の伸びやかな生命力を取り戻し、自分の姿に気づかせ、自らの態度や行動変容を起こすホスピタリティ・マインド（思いやりの心）への気づき、情緒を安定させ、人間関係を修復・整理させ、仲間づくりを推進したり、コミュニケーション力を高めたりするなど、子どもたちのさまざまな問題を解決するための一助になるものと確信する。

「自分が好き」と言えること、生きていてうれしいという実感、そばにいる人から喜ばれ「思いやられた」「役に立った」という自分の存在を確信すること、相手に気持ちを寄せ、相手の立場に立って行動できること、こうしたことが今の日本の子どもたちに何にもまして緊急に育んでやらなくてはならない課題だ。高校生たちは、卒業後は社会に出、何年かするとやがて親になり子育てにも関わる。一人の親として、大人として、人間として、家庭や地域、職場で豊かな人間関係を築いたり、自らの生活をより豊かで創造的なものにしたりできる力を育むことなどを目標にこの授業が生まれた。まさに、親や大人になるための準備教育だ。

今の時代にあって、学校現場に「人間性・人間関係、コミュニケーション」に関する科目を導入することは、ごく自然であり、今日の社会の要請に応えるものだ。全国の子どもたちがこのような授業を受けるようになれば、地域も職

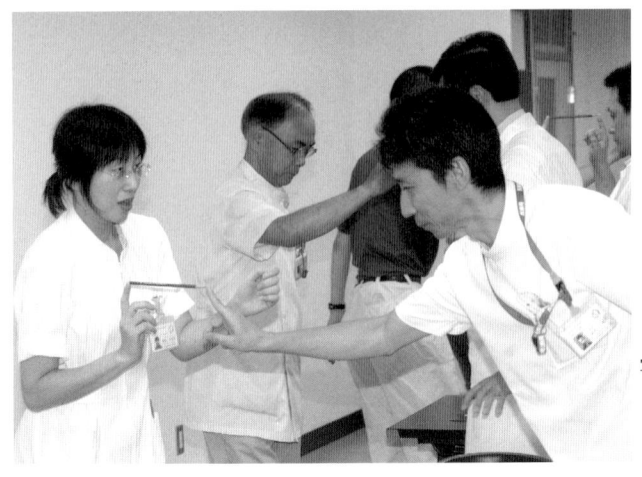

写真6　鉛筆1本で人間関係を学ぶ（鳥取大学医学部附属病院での研修医対象の研修）

場も家庭も変わる。つまり、日本が今以上に温かい思いやりのある国に変わるはずだ。

「先生、いい仕事してるね！」

　高齢者施設の利用者との長期交流もいよいよ最後となった。高齢者に気持ちを寄せて話を聴いている生徒、温かいまなざしを向けながらパートナーのおばあちゃんの手をさすり続ける生徒。誰一人として気を緩めるものはいない。お年寄りの手を取り泣き崩れている生徒。人目はばかることなく涙する高校生。日本中でどれだけの高校生がこんな体験をしているだろうか。

　利用者代表の方からお礼の言葉を頂戴する。なんと90歳になるおばあちゃんが「花は二度咲く、若さは一度。若さ恋しや二度とこぬ！」と涙しながら高校生に思いを届けられる。それを受けて、高校生が似顔絵と交流の思い出を書き添えた短冊をパートナーに送ると、どのテーブルでも感涙だ。

　お別れしてバスに乗り込む。バスが学校に着くと生徒たちが運転手さんに、「ありがとうございました」と元気な声を届けて下車していく。そのとき、いちばん前に乗車していた私たち授業担当者に向けて、「先生、いい仕事してるね！」と生徒が言った。長い間学校にいて、生徒や保護者から「ありがとうございました」「お世話になりました」と言われたことは数知れないが、こんな言葉を耳にしたことは一度もない。

　たまたま、新聞記者の方が取材のため乗り合わせていて、なぜあんな言葉が出たのかと生徒に尋ねた。彼は「家の中がおもしろくないこともある。学校でも部活動や進路のことで悩む。でもこの授業があるとまた頑張ろうと元気がもらえる。俺たちを元気にしてくれる授業を頑張ってやってくれる先生たちにありがとうと思って……」と、しっかりと記者の目を見ながら答えた。彼のつぶやく一言一言をそばで聞いていてうれしかった。

　彼のように多くの生徒たちがこの授業で心を癒され元気や勇気をもらっているのだ。この取り組みをやってきてよかった。

第1章
「死の病」を体験して知ったいのち
―― 教育の原点、定時制高校から学んだこと

1
"陸上競技日本一"の教師を目指したスタート

1――教師を志した理由

　1950（昭和 25）年 5 月。私は、鳥取県で生まれた。第一次ベビーブームとあって小学生時代はクラスに人があふれていた。飛び抜けて走るのが速いわけではなかったが、体育祭や運動会ではリレーのメンバーによく選ばれた。授業よりも放課後になるのが待ち遠しかった。

　小学校時代の先生の勧めもあって、中学に入学すると私は陸上競技部に入部した。私の専門はハードル競技だった。毎日のようにハードルの練習をするのだが、スピードそのものがないものだから、なかなか記録は上がらない。

　冬、からだを鍛えに鍛えた。すると 2 年生の夏の大会以降、記録は向上し、県大会で活躍するまでになった。そして、3 年生のときには県大会、中国地区大会でも優勝と自分でも驚くほど記録が伸びた。おもしろいことに、学習成績も記録の向上とともに伸びた。「やればできる」と陸上競技を通して学んだことが自信になったようだが、部活動の顧問の先生だけでなく、各教科の先生方の授業に取り組む姿勢が私の心を常に奮い立たせていたことも大きかった。とにかく、先生方の授業への熱気が生徒たちにも伝わり、私も燃えた。

　高校生になっても、大学進学を視野に入れながら陸上競技に没頭した。朝は

[1] "陸上競技日本一"の教師を目指したスタート　第1章

写真1-1　大学時代の
陸上競技の練習風景
（左側が著者）

　6時前の汽車に乗り、7時過ぎには学校のグラウンドに立った。高校2年生で県のチャンピオンとなり、まさに順風満帆のように見えた。だが、3年生の全国大会を目前に足首を骨折し、夏のインターハイは涙をのんだ。気は滅入ったが、あきらめなかった。再び国民体育大会の予選会にチャレンジした。課外授業があるにもかかわらず、クラスの仲間が大勢グラウンドに駆けつけてくれたなかで、みごと優勝し国体出場を果たした。

　高校卒業後は進路で悩んだが、陸上競技を指導してくださった恩師の薦めもあり、順天堂大学体育学部に進学した。大学入学後は、毎日が練習漬けとあって、アルバイトもできず仕送りを頼りにする生活だった。食べるものなどにも不自由したが、内緒で母がわずかばかりのお金を送ってくれたときには涙が出た。

　そんな学生時代の授業の思い出のいちばんは解剖実習だった。3年生になると大学キャンパスがある千葉県習志野から東京・御茶ノ水まで出かけて、半年間、順天堂大学の大学病院で解剖実習に直接携わることができた。このことが人のいのちについて考えるきっかけとなった。

　大学卒業後は、本気になって教育に取り組み、夢を語り、私の力を引き出してくれた小・中・高校時代の先生方の生き方に強く惹かれたこともあって、ふるさとに戻って次代を担う子どもたちの教育に生涯を捧げたい、と心に決めた。

27

2——"高校日本一"の選手をつくることが保健体育教師の仕事だと思って

　保健体育科の教師になるという大きな夢をもって郷里・鳥取県に帰った私だが、教師への道は予想以上に厳しく、不安定な講師生活を何年も続けることになる。1973年、鳥取県立倉吉西高等学校を拠点に、いくつかの学校を掛け持ちする講師生活のスタートを切った。

　上司から「なんとか本校生徒を部活動で全国大会の場に」という声をかけられていたこともあり、陸上競技の全国大会で日本一を目指すことが常に頭から離れなかった。それこそ、早朝練習、放課後練習には全力投球をし、生徒にはグラウンドだけでなくふだんの生活も厳しく指導した。

　勤務して4年目、私が専門にしているハードル競技などで、県大会や中国地区大会で上位を争う生徒が次々と出てきた。1978年、長野県で開催された全国高校総合体育大会では1/100秒差で惜しくも優勝は逃したが、教え子が堂々全国第2位の快挙を成し遂げた。決して授業を疎かにしていたわけではないが、いつも部活動のことで頭がいっぱいだった。まさに、日本一の生徒をつくることが、保健体育教師の仕事だと思っていた。そして、結婚。順風満帆の人生のように見えたが、そこには大きな落とし穴が待ち受けていた。

3——肝炎に倒れて、初めて死を覚悟

　1979年冬、27歳のときだった。全国大会での入賞者が出たことで、陸上競技の指導にも熱が入っていたとき、からだの変調を覚えた。のどの痛みや微熱、食欲不振、だるさなど、風邪に似た症状がいっこうによくならず、人と話をするのも辛くなってきた。そうしておよそ1ヶ月、朝、排尿したとき、血の気が引いてしまった。尿がビール瓶のような色なのだ。すぐさま病院に駆け込んだ。検査の結果は、肝炎だった。即刻入院となった。

　幸い、薬と点滴で次第に肝機能は回復し3ヶ月で退院となった。しかし、喜びも束の間、半年後に再入院することになった。当時、"肝臓病は20世紀の国民病"とも言われ、とくにウイルス性肝炎は厄介な病気で、肝硬変や肝臓ガンに進行することも少なくないと言われていたから、不安だった。その後、

学校を休職して治療に専念することになった。

　入院生活は「壮絶」の一語だった。今ならインターフェロンなどの薬もあるが、当時はステロイド剤だった。ガンの治療薬と同様に副作用に悩み苦しんだ。顔は丸みを帯び、からだ全体が醜い肉のかたまりのようになり、髪の毛も少しずつ抜け始めた。毎週１回は肝臓の機能検査が実施され、採血後数日して検査結果が知らされるのだが、このときばかりは、私は死刑の執行を言い渡されるような気持ちに追い込まれ、検査値に一喜一憂した。自分の弱さをつくづく思い知らされたものだ。

　いっこうに好転しないからだへの不安と病への知識が増えるにしたがい、病院での長い夜が恐ろしいものになる。薄暗い天井を見つめながら、このまま目を閉じたら、朝になってももう二度と目が開かないのではないかと思った。父や母のこと、妻のこと、子どもを置いて死んでいくのかと思うと涙があふれた。「俺はもうだめだ。死にたい」と何度となく死を考えるようになった。私の二度目の入院生活は、こんな悶々とした日々の繰り返しだった。

　長かった入院生活も７ヶ月で終わりを迎えた。退院の日、妻と子どもが迎えに来てくれた。病院から遠ざかるにつれて、あらためて人並みの暮らしに戻れる喜びをかみしめた。夕食は久しぶりに家族揃っての団欒となった。私には家族と一緒に食事ができることで充分だった。あたりまえのことだが、そばに両親と妻や子どもがいて家族一緒の食事が何よりのご馳走だと実感した。

　しかし、退院したとは言っても生活の場が違うだけで、依然として治療中の身であることに変わりはない。頭痛などの症状は退院後も続き、苛立ってすぐに怒鳴ったり、やり場のない苛立ちから家族に辛く当たったりした。

　恥ずかしい話だが、「なんというからだに産んだんだ」と母を責め立てたり、父親の「代われるものなら代わってやりたい」という言葉に、「死んでいくのは俺なんだ。やかましい！」と罵声を浴びせたりすることもたびたびあった。とくに妻には辛く当たってしまった。自分の甘えだけを相手に求め、それが無理だと暴力に訴えるとんでもない私がそこにいた。

　思うようにならないからだに「死」への不安がつきまとい、苛立つ毎日が続いた。家庭はもう滅茶苦茶で修羅場と化していた。日ごとに家庭から笑いが消え、子どもたちは私に寄りつこうとしなくなった。

写真 1-2　著者のある日の弁当（玄米雑穀弁当）

4――「食はいのち」なり

　そんなとき、病院の帰りに立ち寄った書店で 1 冊の「食」に関する本に出会った。むさぼるように読んだ私は、その本の著者の医師に会いに夜行列車に乗って東京に向かった。私を快く受け入れてくださったその医師は診察の後、私にこう言った。「治りますよ」と。私は耳を疑った。それまで"死の病"と言われ、「治る」などと言ってくれた人は誰もいなかっただけに驚くばかりだった。

　その日以来、妻と母は、私のいのちが膨らみますようにと、心を込めてご飯中心の食事を作ってくれた。私は、そのやさしい心を一口ずつ口にしながら、ゆっくりと噛みしめた。毎日の「食事」が私の仕事になった。

　妻や家族に対する態度にも少しずつ余裕のようなものが現れ、以前のように暴力をふるうこともなくなり、妻にも感謝の念をもてるようになった。それまでの適当に食事をしていたときとは違い、食事と真剣に向き合うようになった。しばらくすると、私のからだに変化が現れはじめた。肝機能などのデータもよくなっていった。「食べものはすごい！」と思った。あれだけ悩み苦しんでいた偏頭痛や胃部の膨満感、背中の痛み、だるさなどがまるで嘘のようになくなっていった。

　そして、1982 年、2 年間の休職を経て鳥取県立倉吉西高等学校に復職した。

それからというもの、陸上競技の指導で日本一を目指すことも大切だが、すべての子どもたちの「心とからだ」の健康問題に本気になって関わっていこうと考えるようになった。こうして、次に赴任した鳥取県立倉吉東高等学校の夜間定時制も含め、いのちを視点に「食」を中心にした心とからだの健康問題の活動をアンケート調査や実体験にもとづいて進めていった。

相手のことを考えないと成り立たない授業

倉吉市内（赤碕から約１時間あまり）のある幼稚園とも交流してきた。学校から幼稚園まで出かけて行くのは時間的に不可能だが、幼稚園の園児たちが汽車に乗って学校まで来てくれるなら交流は可能だ。

幼稚園児がリュックサックと水筒を下げて、先生と一緒に汽車で学校のそばの赤碕駅までやってくる。高校生は、エプロン姿で赤碕駅のプラットホームで待つ。汽車がプラットホームに入ると高校生が早速お出迎えだ。高校生を見つけて手を振る園児たちに、汽車に乗り合わせていた乗客はいったい何事かと驚いている。駅前で、挨拶を交わした後、出発前に駅のトイレで用を済ませる。準備ができたら早速、二人ずつ手をつないで歩く。

横断歩道では右見て、左見てと園児にやさしく声かけをしてやってみせる高校生。日本海のまばゆいばかりの青い海が目に飛び込んできた。「わあー、海だ！」「すごい！」と高校生や園児の歓声が響く。自然と早足になる。荷物を置いてさらに注意する。怪我をしてからでは遅いので、何度も繰り返して大切なことは伝える。早速、手をつないで海岸に足を運ぶ。大きな石と小さな石の上をうまく歩かないと大怪我につながる。高校生には、「なにがなんでも園児の身を守ること」と伝えているが、まったく心配がないわけではない。

あちこちで歓声が湧く。海岸の石を起こすと小さなカニがいる。カニも捕まりたくないので必死で石の中に逃げ込む。まさに人間とカニの闘いだ。園児は、「お兄ちゃん、捕まえて！」「お姉ちゃん、がんばって！」と応援する。

よく考えてみると、こんな体験はふだんの園外保育では危ないということで不可能に近い。高校生が一人ひとりの園児と関わる交流だからこそこんな体験活動ができる。園児にとっても高校生にとっても貴重な体験の場だ。生徒が綴る学習記録には、「僕がカニをとってバケツに入れてやると、パートナーの園児は笑顔でお兄ちゃんありがとうと言ってくれた。うれしかった。笑顔っていいなあ」「クラスのみんなが真剣に自分のパートナーに喜んでもらうため必死になってカニを取っていた。とてもいい顔をしている。自分までうれしくなる」「カニを取りながらも手を腰に回したり、手を取ったりして園児が転ばないように守っている仲間の姿を見てなんかうれしくなった。みんなはすごいと思った」など、「笑顔」「真剣」「仲間の顔がみんないい顔」「喜び」「うれしい」の言葉がいくどとなく登場している。人と真剣に向き合い、人の喜びを自分の喜びとする。「役立ち感」を実感する高校生は自然と瞳を輝かす。高校生一人ひとりが園児に寄り添い相手の心を察して、自分のこととして考え行動する。他人の関心に自分の気持ちを寄せていく。常に相手のことを考えないと成り立たない授業だ。

2
転機は夜間定時制高校から
―問われた教師としての人間性―

1──17年間で初めて耳にした生徒からの言葉

　17年間も勤めた県立倉吉西高等学校を去るときがきた。学校長から夜間定時制高校へ転勤の内示をもらったのだ。勤務が夜間に変わるという戸惑いと中退の生徒が多いことなどを聞いていたこともあって不安はあったが、思い切って定時制高校に飛び込んだ。

　案の定、夜間定時制高校の6年間は、私自身の教師としての生き方、在り方を根底から大きく揺さぶることとなった。不安を抱えて臨んだ最初の体育の授業で、考えられないような状況に直面したのだ。講堂の隅で腰をおろしタバコを吸っている20歳過ぎの生徒や袋菓子を口にしている生徒、寝転がって雑誌を読んでいる生徒、さらに土足のままの生徒もたくさんいた。私は最初のバレーボールの授業で、「器具庫からバレーボールの支柱とネット、ボールを運び出し、モップでコート整備をしてほしい」と丁重に頼んだのだが、誰一人として耳を貸さなかった。それどころか、驚くような言葉が耳に飛び込んできた。

　「ワリャー、何言っといだいや！（お前は、何を言っているんだ！）　そんなことは、ワーの仕事だ（お前の仕事だ）。ワーがせんかい。ワリャー、それで飯を食っとっだらーな（それでご飯を食べているんだろう）」と。

それまでの17年間の教師生活で、こんな言葉を浴びせられたのは初めてだった。この言葉に、講堂にいやな雰囲気が漂いはじめた。結局は、私が器具庫に足を運び、支柱を肩に担いで運んだ。生徒はその姿を冷ややかに見ているだけで、誰も手伝おうとしなかった。生徒の薄ら笑いを背中に感じながら、私の心は氷のように冷え切っていた。

　教室での授業も前任校と大違いだった。落ち着いて学ぶという雰囲気はどこへやら、私語や立ち歩き、飲食などはざらだった。さすがの私も授業に出るのが辛くなり、毎晩のように妻に「俺はこのままではだめになりそうだ」、「できることならこの職場から逃げ出したい」と弱音を吐くようになった。

2──定時制高校生から学び、家族に支えられて

　こんなこともあった。授業を終えて廊下に出ると、生徒が教師から注意を受けていた。後からその理由を聴いてみると、授業中に雑誌を読んでいて叱られたと言うのだ。「そうか。それは、○○くんがよくないよ！　私だって注意するよ」と言うと、彼は私に向かってこう言った。「ああ、よーわかったよ。俺が悪かった。でもな、あのセンコウに言っとけ。あのセンコウは、黒板と授業しとる。一人で黒板に向かってしゃべってるだけで、授業が全然おもしろない。第一、本気で俺らと勉強しようという気持ちがこっちに伝わってこんがな」と。

　教師の姿勢を真剣なまなざしで語る生徒を目の当たりにしたとき、まるで自分のことを言われているような気がした。「生徒一人ひとりに、真剣に授業に向かいたいと思わせるような教材研究をしていたか」、「授業への意欲が欠ける生徒を前にして、自分の思うような授業が展開できないとき、生徒のせいにしてはいなかったか」と思わず考えさせられてしまった。

　この頃、勤務を終えてわが家に帰り、食卓に腰をおろすのは夜の11時前後だった。そのときに出るのは深いため息ばかりだった。そして、妻とお茶を飲みながら、「やっぱり俺はだめだ。転勤できないかな……」と、いつものように愚痴をこぼしていた。すると娘たちが私たちの話のなかに入ってきて、こう言った。「あのね、お母さん！　お父さんが病気の頃、私はまだ小さかったけど、今でもよく覚えているのよ。家の中はいつも喧嘩ばかりで嫌だった……」と。

すると、妻が「そうだね、辛いことや悲しいことがいっぱいあったね。お母さんね、お父さんが病気がよくなって元気になったら離婚しようと考えてたの。あの頃、お母さんとても辛くてね、何度も泣き泣き実家に帰ったの。すると、おじいちゃんが、『人志君は病気で自分を見失っているんだ。お前が支えなかったら誰が支えるんだ！』と言うの。そのおじいちゃんの言葉にハッと気づかされたのよ。それから、お母さんね、病気する前のお父さんのいいところを思い出しながら、『自分の夢に向かって頑張っていた元のすてきなお父さんに戻りますように』と頑張ってきたのよ。必死になってお父さんに寄り添っていたら、なぜかとても気持ちが楽になってね、今ではこんなに幸せなのよ」と娘たちにしんみりと語った。
　妻や娘たちに対する申し訳なさと恥ずかしさが入り交じってなんか変な気持ちだったが、うれしくてたまらなかった。そして、妻の大きな愛をあらためて感じた。振り返ってみると、「相手の気持ちを推し量り、相手の立場になって行動しよう」、「決してあきらめることなく生徒一人ひとりと向き合っていこう」と思うようになり、生徒たちへの見方や関わり方がそれまでと少しずつ変わっていったのは、どうもその頃からのようだ。
　考えてみれば、まるで悲鳴のような心の叫びをあげ続ける生徒たちも私と同様に、何か重い荷物を背負いながら苦しんでいるに違いない。誰も、引きこもったり問題行動などを起こしたいと思う生徒はいないはずだ。みんなが、「自分の方を見つめていてほしい」「自分の話を聴いてほしい」「自分の存在を認めてもらいたい」のだ。定時制での勤務が、自分の思い通りにならないことばかりだと言って逃げる前に、生徒たちがなぜこれほどまで心の叫びをあげ続けるのかを、積極的に生徒と関わりながら感じ取っていこう。彼らの本来もっている伸びやかな生命力を取り戻せるよう、決して見て見ぬふりはせず、丸ごと彼らを抱え込んでいこうと心に決めた。
　かつての定時制高校は、働きながら学ぶ生徒が多数だったが、私が勤務した頃は全日制の高校を中退した生徒や不登校の生徒など、さまざまな生徒がいた。しかし、生徒一人ひとりのよいところを見つけて認めてやり、ゆっくりと伸ばすように見守ってやろう。そのことが少しわかってきたら、とても気持ちが楽になった。

定時制高校に転勤した当初、「お前もこの学校を1年で替わるんだろう？」、「何かお前悪いことをしてこの学校に来たんか？」と、何度か生徒に聞かれたことがある。聞けば、それまで定時制高校に赴任した教師は長く勤務することなく転勤すると言う。教師にもさまざまな事情があるのだろうが、生徒たちにとっては1年でコロコロ替わられてはたまったものではない。生徒たちが、「教師が真剣に自分たちと向き合ってくれていない」、「自分たちを受け止めてくれていない」、「自分たちは大切にされていない」などと思うのも当然と言える。

　気持ちの整理がつきはじめた私は、「そんなことないよ。ずっと君たちのそばにいるよ」と言葉を返した。その頃、教頭先生から私たち職員に、「生徒たちが心弾ませてやって来れる学校づくりをしていこう。よいアイデアがあったらチャレンジしよう」と提案があった。

　食生活やタバコ、中絶、人間関係などに不安を感じる私は養護教諭と連携して、いのちの視点からそれらの問題を考える「いのちの総合学習」を実践していった。その一つが、すべての生徒たちが調理室に集い、学年ごとに担任とともに米や野菜などを持ち寄って調理と食事をする楽しい時間を毎学期行った。まさに定時制の職員と生徒たちが同じ釜の飯を食い、心を通わせた。校内に温かい穏やかな新しい風が吹きはじめた。

　あるとき、車を運転中に、私は本校の生徒が運転する軽トラックとすれ違った。車をお互いが止めて立ち話となった。

　「先生、俺な水道工事の仕事しているだろ。今年の夏は暑くてたまらなかったんだけど、この前こんなことがあったんだ。仕事の合間にそこのおばちゃんがね『お兄ちゃんご苦労さん！　休憩してください』と言ってかき氷とジュースを持ってきてくれたんだ。そのとき、俺ね先生の顔が浮かんでね、こう言ったんだ。『おばちゃん！　ありがとう。すいませんが、麦茶もらえますか』って」。

　その生徒の話を聴いた私は、うれしくてたまらなかった。毎日、働きながら学ぶ生徒たちが自分のいのちと向き合うようになっていたのだ。

　なんだかんだで6年間勤めた夜間定時制高校。生徒たちも私たち職員も胸を張れる学舎になっていた。振り返ると、「自分のことを気にかけてほしい」とさまざまな叫びをあげ、家計を支援するために必死に働きながら学ぶ生徒た

ちから、教師として、いや一人の人間として生き方やあり方を学んだ６年間だった。まさに、生徒たちを少しでも人間的に成長させたいという責任感のようなものが今まで以上に私の心のなかで膨らみ、そのためには常に自分自身が研鑽し続けないといけないと考えるようになった。そんな教師の姿勢を向き合う生徒一人ひとりに示していかないと、生徒たちの成長もないしクラスも学校も変わらないと思った。

こうして次第に、定時制高校こそ教育の原点だと考えるようになり、定年を迎えるまで定時制高校で生徒たちとともに学ぼうと考えていたのだが、突然の転勤による生徒たちとの別れは、身が引き裂かれるような思いだった。

本気の授業

正直なところ、赤磯高校に着任したときは、この取り組みを職場全体が応援しているようには感じられなかった。誘ってくれた教師からは、「みんなが待っているから赤磯高校に来てください」と言われたが、現実は冷ややかだった。そんな職場の空気を感じながらも、とにかく同僚の職員とここまで歩き、走りながら道をつくってきた。

あたりまえのことだが、生徒の前に立つ授業やふだんの関わりは一回一回が真剣勝負。いけないことは「いけない」と、子どもたちのことを思うからこそ厳しく関わった。とりわけ、挨拶や言葉使い、服装、髪を染めたり、ピアス、爪にマニキュアなどは厳しく指導した。園児や高齢者の方との交流では、これらのことも交流先の職員と話し合っていたので、バスに乗車する前に確認した。しかし、約束が守れない生徒もいて、バスを遅らせてしまったり、ひどいときは学校に残して指導したこともある。

生徒は、私たち教師が教科授業や生活指導に本気で向き合おうとしているかどうかを見ているので、本気が要求される。とにかく、何回でも言ってきかせ、あきらめることなく粘り強く彼らと向き合ってきた。

こんなこともあった。卒業前のある女子生徒が汽車の待ち時間があるからと、私がいる進路指導室にやってきて、「私、先生が嫌いだった」と話を切り出した。何を言い出すのかと思いながら彼女の話に耳を傾けた。「先生、いつも私たちに注意してたでしょ。正直、うるさいだけで嫌な奴と思っていた。でもね、本気で授業している。仕事してる。先生、いつも言っていたじゃない。２〜３回の園児との交流じゃ園児との関わりから学ぶものは少ないって。３年間学んできて、先生のいいところたくさん見えてきた。先生は本気なんだって。」

ふりかえると、常に学び続けながら、夢を語り、夢を追い続け、生徒たちの前に立ってきた。夢が語れなくて、生徒たちの夢を育むことなどできない。常に自らを高めようとする姿勢や行動が生徒たちの心を動かさないはずはない。今の時代、はたして親や教師、つまり大人は輝いているだろうか。

そんな私も一人の人間だ。出る釘は打たれると言うが、何度も叩かれ足を引っ張られてきた。くじけそうになり投げ出したくなったときもある。でも、そのたびに生徒たちの笑顔に助けられてきた。生徒の笑顔に照らされ続けて私はここまで頑張れた。

第2章
コミュニケーション授業の意義と赤碕高校での実践

1
コミュニケーション授業の始まり

1──全国初のコミュニケーション授業

　夜間定時制高校での勤務に少しずつ確かな手応えを感じはじめていた1996年3月、赤碕高校への転勤の内示をもらった。
　思いがけない転勤に生徒たちも驚き涙したが、桜咲く4月、6年間勤務した定時制高校に別れを告げ、教科授業として「人間関係づくり」を教育課程に設定した全国でも稀な取り組みを実践するスタッフの一人として鳥取県立赤碕高等学校に着任した。この高校は、鳥取県中部の人口およそ9000人ほどの旧赤碕町（現、琴浦町）にあった。学校の屋上からは南に大山と船上山、北に日本海を見下ろすことができた。ここは私が生まれ育った町でもある。
　赤碕高校は、1学年3学級の小規模な普通科高校で、私が着任する5年前の1991年、「特色ある学校づくり」の一環として鳥取県教育委員会から学科改変事業への取り組みを打診されていた。当時の赤碕高校は、定員を割る状況から脱しはじめていたとはいえ、依然、統廃合の候補にあがっていたため、教職員には危機感があった。
　そのなかで、普通科高校としてどのように特色を出していくかが課題であったが、1995年から「文理コース」「情報ビジネスコース」「健康スポーツコー

写真2-1　鳥取県立赤碕高等学校──2005年度から鳥取県立由良育英高等学校と統合されて鳥取県立鳥取中央育英高等学校となり、2005年3月の卒業生を最後に閉校となった。

ス」の三つのコースが誕生した。こうして1996年、私の着任を心から喜んでくれた保健体育科主任であり「健康スポーツコース」誕生の貢献者でもあった横山尚登氏らと、全国で初めての「レクリエーション授業」(以下、「コミュニケーション授業」と呼ぶ)という人間関係体験学習を導入した。開始当初は、健康スポーツコースに学ぶ生徒のみが学ぶ授業だったが、2001年からは生徒全員が受講することになる(2004年から情報ビジネスコースに学ぶ生徒は選択となった)。

2── 三本柱のコミュニケーション授業だったが……

　コミュニケーション授業は、生徒たちに学校や地域でのさまざまな体験学習を実感させ自分の生き方やあり方を考えさせることを中核とし、よりよい人間関係づくりを学ばせようとするものだ。授業内容は三つの大きな柱からなっていた。

　一つ目は、簡単な動作で仲間とふれあうきっかけをつくる「コミュニケーション・ゲーム」である。

　二つ目は、「相手の気持ちを理解する」「自分の考えや気持ちを知る」「ホスピタリティ」「相手の気持ちを考えながら相手のために行動する」など、自分と向き合い、自分を見つめ、今の自分自身の人間関係を見直し、どのような人

間関係をつくっていくのかを考える「気づきの体験学習」である。

そして、三つ目は、この授業で気づき学んだことを園児や高齢者施設の方々との継続的な交流を通してより深い気づきや学びの場とするものだ。

しかし、最初からこの三本柱でスタートしたわけではなく、私が学生時代に培った「コミュニケーション・ゲーム」を、クラス内の人間関係の醸成に役立てることができればとスタートさせたのが最初だった。

以下は、健康スポーツコースに学ぶ2年3組、30数名の生徒たちへの実践で、1996年4月、その最初に行ったコミュニケーション・ゲームの授業である。

■最初のコミュニケーション・ゲーム

「この授業がきっかけとなって、みんながいい仲間になってくれたら、これほどうれしいことはない。そして、すてきな男の子、すてきな女の子、すてきな人間になってこの世の中を生ききってほしい」と熱いメッセージを送って、私は「それでは始めるよ」と元気な声をかける。

「いいかい！　私が『セーノ』と言ったら、みんなは手拍子を一つしてください。まずは、みんなで1度やってみよう。いいかい『セーノ』」。

「パン」（手拍子の音）

体育館に手拍子の音が響くが手を叩かない生徒もいる。「これからいったい何が始まるのだろうか」と教師の私や仲間のようすをうかがっているのだろうか。

全体に生徒たちの表情がもう一つと受け止めながら、「それでは、また私が『セーノ』と言ったら、先ほどの『セーノ』と合わせて『セーノ』が2回になるから手拍子は二つ。また、それに『セーノ』をかぶせると『セーノ』が3回になるから手拍子は三つと一つずつ増えていく。わかったかな？　私が『終わり』と言うまでやってみよう。手拍子の数を間違えずについてこれるかな？さあ、みんなで元気よく手拍子をしてみよう」

「セーノ」、「パン」

「セーノ」、「パン、パン」

「セーノ」、「パン、パン、パン」

「セーノ」、「パン、パン、パン、パン」……

途中で私が「セーノ」のコールを止めても、誰かが手拍子をしてしまったことから生徒たちから自然と笑いがこぼれた。しかし、仲間のようすを見ているだけで、何もしない生徒が何人かいて、彼らの表情にはほとんど変化がない。

この「コミュニケーション・ゲーム」では、この場に集う生徒一人ひとりが同じ動作などをすることで「自分がこの場にいてもいいんだ」、「この場に安心していられるんだ」という気持ちを生徒たちに体感させることができる。お互い見つめ合ったりして楽しく人間交流し、自分と他人の存在を確認しながら楽しさを共有している自分の存在に気づく。一人で過ごすより誰かと一緒に過ごすことの心地よさを実感し、次第に心が開かれていく。

ところが、何人かの生徒は、何もしようとしないで知らん顔なのだ。「コミュニケーション・ゲーム」で、二人組や三人組になっての握手や背中合わせなどでお互いの関係性を高めようとしても、「なぜ高校生になってまで、そんなことをしないといけないのか」と困惑の表情を示すばかりだった。

このことは、毎回の授業実践を、私たち授業担当者にとって辛く重いものにしていった。ときには、「同じクラスの仲間なのに、どうして手がつなげないんだ！　こんなクラスの人間関係でいいのか！」と声を荒げてしまうこともあった。

3──園児や高齢者に癒された心地よさが蘇って

全国に先駆けて「継続的な人間関係づくりをする授業だ」と意気込んでスタートしたものの、最初からつまずいてしまい暗いトンネルの中に入り込んでしまったように思えた。どうしたら生徒たちが積極的に授業に取り組んでくれるようになるのか、毎日のように頭を抱えながら指導案を作成した。1学期がとても長く感じた。

そんなとき、私が夜間定時制高校に勤務しているときのことを思い出した。定時制高校は、午後からの勤務で午前中があいていたので、妻が勤務する保育園に個人的に出かけては、園児たちに私の病気体験をもとに「食といのちのメッセージ」を伝えていた。

「うさぎさんは何を口にしていのちを膨らませているだろうか？」

「やさい」「にんじん」などと目を白黒させながら私とやりとりする園児たち。
「じゃあ、パンダさんは？」
「ささのはっぱ」……。

紙芝居などをしながらお話が終わって帰ろうとすると、「おっちゃん！ 今度はいつ来てくれるの？」と瞳を輝かせながら私のからだに触れてくる。「楽しかったかい？」と聞きながらその園児を抱きかかえ、「高い高い」をすると、次々と他の園児たちも抱っこやおんぶをせがむ。

そのとき、私の心の内は弾んでいた。園児の笑顔に照らされて自然と私の顔もほころんでいた。車に乗り込んで帰るとき、最後まで手を振り続けてくれている園児や保育士の先生たちの姿を目の当たりにしたとき、私の心は癒され、何とも言えない心地よさを実感した。

同様に、高齢者施設に出かけては食べることの大切さを説いた。食べ物としっかり向き合うことで排泄がスムーズにいくからだ。人は誰でも自分で排便・排尿の処理はしたいものだ。利用者の方は真剣に私の話に耳を傾けられ、「高塚さんから元気をいただきました」などの言葉や温かいまなざしをからだいっぱいに感じ取ったことを思い出した。

園児や高齢者のやさしさにふれたり喜ばれたりすることは、私のような大人でもうれしいことだった。私は思った。人は誰でもそばにいる人に、気にかけてもらいたいのだ。つまり、「見つめられたい」「話を聞いてもらいたい」「大切にされたい」のだと。

こんなことを思い起こしていると新しいプランが少しずつ芽生えてきた。高校生を保育園や幼稚園、高齢者の施設に連れて行こう。それも、叶うことなら私が何度も保育園や高齢者の施設に足を運んで心弾ませましたように、単発のイベントではなく、継続した関わりにできないかと。

(1)町役場、保育園、高齢者施設に出かけて

なにせマニュアルがまったくないところからのスタートだったため、すべてが手探り状態だった。町役場や保育園、高齢者施設に協力をお願いするために歩いたが、町役場の教育委員会の担当者に相談をもちかけると、「保育園は厚生省（現、厚生労働省）の管轄だから他の課に行け」と言われ困惑もした。そ

写真2-2　高校生と園児や高齢者との継続的な交流が続けられた

して、町役場を通じて何度も町内の保育園の園長会議に出席させてもらったり、交流先に出向いたりしては交流授業への理解を求めた。

　以来、園児や高齢者との継続的交流は、9年間のコミュニケーション授業実践の柱となり、旧赤碕町とその両隣の旧東伯町と旧中山町の3町14施設に毎年のようにお世話になった。

(2) 園児との交流で高校生は変わった

　とりわけ、園児との交流は生徒を素直にした。一人ひとりの生徒が仲間たちの前では出せない小さかった頃の無邪気さを素直に出すのだ。NHK鳥取放送局が2000年4月からほぼ1年にわたってこの授業を追跡取材した。そのようすは、2001年2月に「教育トゥデイ」(NHK教育)で、3月には「とっとり発2001」(県域放送)で放映された。

　その番組のなかで、アナウンサーの「○○さんは、保育園児の前での表情とかつての自分の表情とは違うと思いますか」という問いかけに対して、ある男子生徒は、「違うと思います。友だちの前では出せなかった小さい頃の無邪気さが園児の前では、素直に出てしまいます。園児と交流をする前までは、他人の前で笑ったり自分の気持ちを出すことはかっこ悪いと考え、学校では自分を隠して自分のなかでかっこをつけて無理矢理大人ぶっていました」と答えた。

写真2-3 園児にやさしく声をかける

　園児と関わっていると「あまり人に見せられなかった子ども心が自然に出てしまう」と言うのだ。
　とにかく、生徒一人ひとりの表情が変わった。学校やクラス内で「仲良くなろう」のかけ声のなかで、生徒どうしが向き合っているときのようなしんどさはなくなり、生徒は園児や高齢者と真剣なまなざしで生き生きと関わっていった。学校内では見せない「やさしいまなざしで見つめる」「やさしく話しかける」「励ます」「いたわる」「質問に親切に答える」「ほほえみかける」「にっこりする」「うなずき、相づちを打つ」「手を握る」「寄り添う」「なでる、さする」「頬を寄せ合う」「頭をなでる」「おんぶする」「抱きしめる」などを至る所で目にするようになった。
　このようなふれあいは、お互いの存在や人間的価値を認めて、自尊感情を高め、お互いの信頼関係を育んでいく。学校内での仲間づくりなどに役立つ「コミュニケーション・ゲーム」「グループエンカウンター」などになじむことのできない生徒であっても、園児や高齢者と1対1の逃げ場のない関わりをもち続けるようになると、見違えるように積極的な関わりを見せるようになっていった。

2
慌ただしく始まった園児との交流

1——年度の途中から始まった緊急プログラム

　3年間の継続的なコミュニケーション授業だが、試行錯誤のなかでの授業となった。初めは1学年3クラスのうちの一つのクラスである「健康スポーツコース」に学ぶ生徒のみが2年生から学んでいたのが、1年生から3クラスすべての生徒が学ぶ方向になったのは、2001年11月からだ。

　9年間の実践のなかで、この年の1年生が卒業するまでの3年間の関わりは、私にとって生涯忘れることができない。この年に入学してきた1年生のなかには、入学当初から精神的に不安定な生徒が少なくなくて、学校全体が落ち着かないものになっていた。

　たとえば、遅刻、早退、授業中の私語などに加え、学期ごとに行う試験ではふつうは1クラスに1人の教師が試験監督として立ち会うのだが、この年はなんと試験監督が2人、そして、廊下にも1人の教師が立つという異常事態となっていた。

　そのようななか、2学期になって1年生の担任団からコミュニケーション授業を1年生全員に体験させたいという提案が職員会議の議題に上った。何度も協議を重ねた結果、保健体育科の教師だけでなく、担任もこの授業に積極的

表2-1　13回の緊急プログラム（2001年度）

回	日　付	授　業　内　容
1	11月13日	性格検査と気づきの体験学習①②
2	11月20日	事前学習、園児へのラブレター
3	11月27日	園児との交流①
4	12月 4日	園児との交流②
5	12月11日	園児との交流③
6	12月18日	園児との交流④
7	1月15日	園児との交流⑤
8	1月22日	園児との交流⑥
9	1月29日	園児との交流⑦
10	2月 5日	園児との交流⑧
11	2月12日	気づきの体験学習③
12	2月19日	気づきの体験学習④
13	3月 5日	性格検査、励ましの手紙

に関わることなどを確認して、年度途中の11月から翌年の3月まで実施することになった。早速、担当の私は5ヶ月間の緊急プログラム（100分×13週）を作成した（表2-1）。

　まずは、13回の授業の核に乳幼児との交流を考えていた私は、何はともあれ高校生を受け入れてくれる保育園を確保する必要があったため、1年生の担任教師と一緒に保育園を訪ねてお願いをした。お世話になる1年生のようすやこの授業のねらいなどを話すと、「この保育園を卒園した子どもたちが小学校や中学校に進むなかで、心を閉ざしたり問題行動を起こしたりすることがあります。私たちの保育のなかに何か足りなかったものがあるのかもしれない。一緒に学ばせてください」との言葉に、うれしくてしかたがなかった。

　こうして、不安がいっぱいのなかで保育園との交流授業が始まった。

2——校内での事前学習

■性格検査と気づきの体験学習①②——2001年11月13日

　授業開始のチャイムと同時に1年2組の教室に入る。いきなり、「なんでこんなことせないけんだいや」の声とともに、「体育の授業がいい」「こんな授業つまらんぜ」など、授業に対する不平不満の声が耳に入ってくる。私は動揺し

たが、必死に奥歯を噛みしめて気持ちを落ち着かせようとした。あらためて、これからの授業の流れ、今日の学習のねらいを生徒一人ひとりの表情をうかがいながら説明した。

　そして、「性格検査」に続いて、「自分をよりよく知る」という気づきの体験学習を行う。授業を終えた彼らの学習記録には、「自分のよいところも悪いところも知ることができた」、「自分の性格で知っているつもりだったけどわかっていない部分もあった」、「性格検査でわかったことを生かしてだめなところを直していきたい」などのほか、「早く保育園に行きたい」と綴られたものもあった。学習記録の提出もまずまずのスタートだった。

■保育園児との交流の事前学習、園児へのラブレター ── 2001年11月20日

　保育園の園児との交流を前にして今日は事前学習だ。保育園でのようすやきまりを確認した後、先週、パートナーの年齢の希望をとって調整していたので、今日はどの園児と関わるかを最初に決める。年齢ごとに集まって決めるよう指示するのだが、なかなかその輪のなかに入れない生徒もいる。時間も限られているので、パートナーの園児の決定を急がせ、ネームカードの作成と園児へのメッセージシートを書く作業に入る。高校生と園児が1対1の関わりだから、まだ見ぬ恋人、つまりパートナーの園児にラブレターを書くのだ。あらかじめ動物などのイラストが描いてある資料を配付してあるので、園児をイメージしながらメッセージとイラストを色鉛筆などを使いながら仕上げていく。

　メッセージシートを記入するとき、いつものことだが「先生！　俺のパートナーは0歳の赤ちゃんだから字が読めんけどうする!?」と尋ねる生徒。「〇〇は、いい質問するなあ！　赤ちゃんは字が読めなくても赤ちゃんのお母さんやお父さんが読んでくださるよ。だから、お母さんやお父さんに『赤碕高校の〇〇です。一生懸命頑張りますからよろしくお願いします』と書くといいかもしれないね。それに、園児が喜びそうな絵を大きく描いてやってほしい」と私。

　事前に用意したイラストを参照しながら上手に色鉛筆を使って絵を描く生徒。なかなかうまい。「うまいこと描くなあ」と仲間の絵に感心する生徒もいる。なかには自分の思いつくまま絵を描く生徒もいる。しかし、ジーッとシートを見つめたり周りの仲間のようすをうかがっているだけの生徒もいる。書き終え

た生徒は私たち職員に点検を受けるが、一人ひとりが書いたメッセージシートは心のこもったものになった。書き上げたそれをすぐさま交流先の保育園へ届けに行き、「来週からお世話になります。生徒が書いた園児あてのメッセージシートです。園児と保護者の方にお渡しください」と届ける。保育士の方も生徒が書き上げたラブレターを見ながら「よく書けていますね」と感心しきりだった。

3——保育園での交流

■1回目――2001年11月27日

　さあ、いよいよ保育園での交流日だ。生徒の服装、頭髪、爪、ピアス、そして、持参することになっているエプロンなど、気になるところだ。玄関前で彼らが作成したネームカードを並べて生徒がやってくるのを待つ。全員が揃ったところであらためて挨拶と出席確認。そして、本日の交流内容と保育園側からの諸注意の確認。ピアスをしている生徒は園児にとっても生徒にとっても危ないのですぐさま預かる。爪の長い生徒は爪切りで切らせ、マニキュアをしている生徒は除光液できれいにさせる。体育服装からシャツが出ていたりズボンが下がってパンツが見えている生徒にはきちんとするように声をかける。エプロンを忘れた生徒は、学校の家庭科で利用するエプロンを貸与する。

　バスに乗るとき、降りるときの挨拶を確認していよいよバスに乗車。「おはようございます。お世話になります」、一人の生徒が運転手さんに挨拶をすると、つられるように他の生徒からも挨拶の声が響く。担任の教師とともにバスに乗り込むが、バスのなかはこれから始まる園児との交流を前に少し緊張した雰囲気が漂っているものの、バスの後部座席は元気のよい生徒たちが陣取ってにぎやかだ。

　保育園の近くの広場でバスを降りて、保育園まで歩いていく。玄関前で園長がお出迎えだ。挨拶をした生徒は、靴をきちんと整頓して遊戯室に向かう。遊戯室に入ると、保育士の方と0歳から5歳までの園児が拍手でお迎えだ。生徒たちは落ち着かない表情で腰をおろす。お互いに挨拶を交わすが、園児の声に圧倒されている。園児が歓迎の歌を歌ってくれる。園児の堂々とした態度に

写真2-4 園児に手作りの名札をつける高校生

　終始押され気味の高校生。園長、本校の職員の挨拶の後、生徒を代表してルーム長のFくんが「8回の交流で楽しく遊んで仲良くなろうね！」と、ちょっと照れながらも元気よく挨拶する。
　いよいよパートナーと初めての出会いだ。高校生がパートナーの名前を呼ぶ。2歳の子どもは元気よく手を挙げて高校生の下に歩み寄る。高校生はしゃがんで、イラスト入りの手作りの名札を肩などにつけてやる（写真2-4）。
　当然のことだが、高校生との出会いにとまどいの表情を見せながら、急に泣き出したり保育士の方にまつわりついて離れない園児もいる。それぞれ0歳、1歳、2歳のクラスに分かれて園児との関わりが始まった。抱きかかえるようにして園児に絵本を読んでやる高校生、園庭で走り回る園児を追いかける高校生、おんぶや肩車をする高校生を傍目に見ながら、園児の動き回るさまをじっと見守るだけの生徒もいる。泣きじゃくる園児をどうしていいかわからず困惑の表情の生徒に、「あきらめたらいけないよ。辛抱強く声をかけてあげてね！」とやさしい保育士さんからのアドバイス。あっと言う間に交流の1時間が終わった。まだ始まったばかりだが、一人ひとりの生徒の心を確実に揺さぶっている。これからどんなドラマが展開されるのだろうか。

■ 2回目──2001年12月4日

　12月に入った。2度目の交流のため高校からバスに乗り込むが、いつも元気のよい男子生徒たちが後部座席に陣取ってワイワイガヤガヤやっている。

　バスが保育園に到着すると、エプロン姿の高校生の姿を見つけたのか、玄関付近や窓から園児たちが、「おにいちゃん！」「おねえちゃん！」と大きな声で手を振っている。その声を聴いて「おはよう！」「こんにちは！」と園児に言葉を返したり、走って保育園に向かったりする高校生。そばにいる私までなぜか心が弾むのを抑えられなくなった。

　玄関で靴を脱いで早速パートナーの待つ部屋に入る。玄関に並べられた靴を見ると一足たりとも変な方向を向いているものはない（写真2-5）。「やるじゃないか！　すごい！　帰りのバスで褒めてやろう」と思った。あたりまえのことだが、靴の整理整頓も大切なマナーの一つだ。

　0歳児とは室内遊び、1歳児とは絵本の読み聞かせ、2歳児とはお面作りに挑戦だ。私は、0歳児担当のある男子生徒に注目した。というのは、先週とても人見知りが激しく泣きじゃくるばかりの園児に、何をどうしていいのかとまどっていたSくんだ。今回もSくんの顔を見るなり、パートナーの0歳児は大泣きだ。そばにいてもどうしていいのかわからないSくん。パートナーの泣きようもすごい。

　そのとき、なんと保育士の方が、パートナーが泣くのを承知でその園児を抱きかかえて、「Sくん、抱いて園庭を散歩してきたら」と声をかけて園児をSくんに抱きかかえさせた。Sくんは園児を抱きかかえなんとか園庭に出るが、園児は遠慮なしに泣きじゃくる。

　それをじっと見守っていた保育士が、今度は、「Sくん！　乳母車に乗せて園庭の周りを散歩したら」と、何人もの園児が入れる大きな乳母車を持ってきた。スポーツマンで大柄なSくんが半分泣き出しそうな顔で園児を乗せた乳母車を押す。見ていてもかわいそうな感じだったが、授業中はこちらもじっと我慢だ。

　時間がどれほど経過しただろうか。園児がSくんの顔色をうかがいながら少しずつ泣くのをやめたのだ。「だから俺は0歳は嫌だと言ったのに！」「俺の方が泣きたいわ！」と私につぶやいたSくんも、ネバーギブアップの関わ

写真2-5 保育園の玄関横にきちんと揃えて並べられた高校生の靴

りで少しは明かりが見えてきた。

　もう一人気になる高校生がいた。保育士の方も「Fくんはしっかり寄り添っているね」「すごいね」と注目される高校生だ。1歳の園児と関わりをもっているルーム長のFくん。最初からパートナーの園児は保育士の膝から離れようとしない。それでもあきらめることなく、「お兄ちゃん嫌なんか？」と何度も園児と向き合いながら、温かいまなざしと言葉かけを続ける姿は、他の生徒たちにも大きな影響を与えていた。

　お別れの時間がきたらいつものようにバス乗り場まで見送る園児。みんなおんぶに肩車をされている。高校生どうしが間にパートナーの園児を挟むようにして手を取り歩く姿はまるでどこかの親子だ（写真2-6）。その後ろ姿を見て思わずカメラのシャッターを切った。別れを惜しむように、バスの発車前まで園児が語りかけるのにしっかりと耳を傾けてやっている高校生たち。

　バスが動き出すと窓を開け身を乗り出して手を振る高校生。そして、園児の多くが保育士とともに高校生に「また来てね！」「ありがとう」の言葉を届けながら手を振り続ける。高校生たちは自分のことをこんなに「喜んでくれている」「大切に思っていてくれる」と実感し、心弾ませているに違いない。バスのなかは、園児との関わりのようすを仲間に話す生徒の声で賑わった。

　バスが学校に着き、バスから降りる際の運転手さんへの「ありがとうございました」という挨拶の声も力強いものになってきた。

写真 2-6　親子のような高校生とパートナーの園児

　交流している保育園から毎回のようにメッセージが届く。そのなかにＳくんのことがこう触れてあった。
　「今日は本当にお疲れ様でした。大声で泣く〇〇ちゃんを一生懸命に汗をかきながらボックスカー（乳母車）を走らせたり、汽車を見せたりなど、決してあきらめない姿勢はすばらしいですね。『僕の方が泣きたいくらい』と言われる気持ちは、保育士の私にもよくわかります。でも、本当にあきらめず関わろうとする姿は、すごいですね。少しずつふれあうこつがわかってきたようですから、これからもその調子でいきましょうね」

■ 3回目──2001年12月11日
　朝から寒風吹き荒れる悪天候。いつものように男子生徒が駆け込むようにバスに乗り込む。「たいぎーな！（面倒くさいな）」ともらす男子生徒に、「楽しいこともあるだろ!?」と言葉を返す。バスの発車と同時に、学習記録のこと、園児との関わりの目標について生徒に確認する。バスを降りて保育園に向かう足取りも回を追うごとに速くなっているようだ。今日は生活発表会が近いとのことで、全員が遊戯室で園児の発表会の練習のようすを参観することになっている。遊戯室では、日頃の練習の成果を保育士の指示のもと、園児一人ひとりが張り切って演技する。高校生も演技に見入りながら拍手も忘れない。幼い頃

の自分もそうであったかのように、自分のことを思い返しているのかもしれない。真剣なまなざしで園児の演技を追っている姿に思わずカメラのシャッターを切った。

　発表会の練習が終わると、0歳児は部屋に移動した。私も追いかけるようにして部屋に移動して、1回目から人見知りで泣きじゃくる園児と格闘しているSくんのようすをうかがう。保育士の方が園児を抱きかかえSくんに抱っこさせるしぐさをされるのだが、園児はまたまた大泣きして保育士から離れようとしない。彼は、「パートナーを代えてもらえませんか」と言い出しそうな面持ちだが、それでも園児のそばでときおり笑顔を見せる。同じ0歳の園児と関わる他の生徒は、何とかうまくやっているのだから彼の気持ちは複雑だ。それでも彼は、「パートナーを代えてくれ」と言ったり、腹を立てたり、ふてくされて逃げ出したりしてしまうこともなく、必死に園児と向き合っている。

　今、全国各地で「子どものことがわからない」「泣きやまない」「自分の思うようにならない」などの理由から、わが子を虐待する事件が相次いで起きている。これも体験がないからだ。こんな体験を積み重ねた子どもたちが親になったら今以上に子育てはスムーズにいくと思う。それこそ世の中はいろいろな人がいる。そのいろいろな人と関わって生きていく。思うようにならない園児との関わりをそれこそ糸を紡ぐように努力する姿に、思わず「やるじゃないか！」と一人つぶやきながらSくんの健闘ぶりに心から拍手を送った。

■4回目──2001年12月18日

　いよいよ来週からは冬季休業となる。今年もあとわずかだ。あいにく、今日もぐずついた天気だ。バスに乗車する前に、爪などを注意される生徒が激減した。エプロンの背中のヒモ結びがうまくできない仲間の姿を見ては、他の生徒が手伝ってやっている姿も見受けられる。バスのなかで、今日が2学期の最後となること、保育士の方から園児が体調を崩して多くが欠席しているとの連絡を受けたことで、パートナーの調整を行ったり、それぞれの掲げた目標に向かって積極的に園児と関わっていこうと激励する。

　今日も0歳と1歳の園児と高校生の関わりに注目した。Fくんにもう一つ気持ちを寄せ切れないでいる1歳の園児に、一つも嫌な顔をせずにしっかり

と向き合い続けていたＦくんは、今、自分の胸に抱きしめてあやしている。園児も今や大好きなお兄ちゃん、いや、まるでお父さんのようだ。食事を支援するときの彼のまなざしと、大きな口を開けておいしそうに食べる園児の姿はまるで親子だ。

　人見知りがひどく、泣きじゃくる０歳の園児との関わりをしているＳくんは、少しずつ関わりが膨らんでいるようだが一進一退。なかなか思うようにならない。交流の中日でまだまだ４回目だ。考えてみると、全国の小・中・高校の現場でこのような乳幼児との交流の取り組みが増えてきていると言うが、２～３回前後の交流プログラムを実践しているところが少なくないはずだ。とすると、このＳくんのように、園児となかなかうまく関係がつくれないまま終わってしまうことになるだろう。とすると、交流した子どもや園児の心の内はどうなるだろうか。お互い嫌な体験として残ってしまうことになるだろう。その点、今回の取り組みはあと４回ある。なんとかお互い関わりが深まることを祈らずにはいられない。自暴自棄になったりしないＳくん。そんな自分をほめてやってほしい。

　いつものことだが、お別れの時間がやってくると、園児と高校生が寒風のなかを一緒に歩いたり、かけっこ、だっこ、肩車をしながらバスまでお見送りするのが恒例になった（写真2-7）。

　「先生！　俺みたいな者でも役に立っているんだよな」と、私にそんな言葉をプレゼントする生徒が増えてきた。私はそんな高校生たちのつぶやきを「役立ち感」と名づけた。「役立ち感」を実感することで、高校生たちは自分のよさに気づき、自分を好きになり、それが大きな自信となり瞳を輝かせる。ある男子生徒が「俺も先生！　保育園に行くと、なんか頭が真っ白になるんだ。いろんな嫌なこと忘れていい気持ちになるんだ」「そう、よかったな！　そう思ってくれて先生とってもうれしいわ」と。保育園に出かける回数が増えるにしたがい、生徒の表情がずいぶんと和らいできているように感じる。園児の笑顔に照らされて高校生の表情がとても穏やかなものになる。乳幼児には、高校生を元気にする魔法の力があるのかもしれない。

写真 2-7　高校生をバスまで見送る園児

■ 5回目──2002年1月15日

　2002年のスタート。冬休みを終え最初の保育園の交流だが、生徒の気持ちはいかがなものだろうか。少し間があいて、お互いの関わりに変化はないだろうか。今日は、青空とは言えないが外で関われるような天気になった。限られた室内での関わりと違い広い園庭や散歩となると園児も高校生もうれしがる。

　高校の玄関前で、保育園からの連絡を生徒に伝える。服装のことだ。男子高校生の何人かがズボンを少しずり下げてはいているので、園児と向き合ってしゃがみ込んだりするとパンツとお尻が見えてしまう。これを園児が見てまねをするのだと言う。服装もコミュニケーションの一つなので、相手の心を知らないうちに動かしてしまうのだ。そのことをバスの乗車と下車の間に確認する。

　園児が高校生の姿を見つけて園の窓や玄関先で「お兄ちゃん！」「お姉ちゃん！」と元気な声で高校生を迎えてくれる。こうして自分のことを待ってくれる人がいると思うと誰もがうれしくてたまらないはずだ。そばにいる人から「大切にされた」「思いやられた」という実感は、将来にわたって人を「大切にする」「思いやる」ことにつながっていく。そして、どんな辛いことがあっても生きていける。

　園庭でお互いに挨拶を交わして、約1ヶ月ぶりにパートナーとご対面である。そばにいたある高校生が「お兄ちゃんの名前覚えているかい？」と尋ねると、

とっさに「○○のお兄ちゃん」と答えた。高校生はよほどそのことがうれしかったのか、「すごい！　俺の名前覚えてるよ！」と大声で飛び跳ねた。パートナーに名前を覚えてもらったことで、お互いの距離がまた縮まったように感じた。

高校生が園児にどんな遊びをしたいかを尋ねている。園庭のようすをカメラで追っていると走り回っていた園児が転んだ。すると、パートナーの高校生が駆け寄って抱き起こしてやりながら、「大丈夫？」と声をかけている。

さらに、砂を払ってやりながら「痛いの飛んでけ」とやさしい言葉かけが続く。三輪車や砂場、ブランコ、線路近くまで散歩して汽車を見るなどさまざまで、元気な声が園庭一杯に響く。

それぞれの高校生が、精一杯パートナーの園児と向き合っている。その姿をクラスの仲間が見ている。友だちのいいところを目の当たりにすることでクラスの雰囲気が変わっていっている。

■6回目── 2002年1月22日

国道9号線の道路工事のため、生徒を乗せたバスがスムーズに進まない。バスに乗り込んで保育園でのようすを伝えようと生徒たちに向き合ったとき、ある男子生徒が「先生！　保育園はもういいや！」「もうやさしさは勉強したから」と大きな声。一瞬、私の心がまたまた揺れた。

しかし、「園児はみんながやって来るのを待っているんだよ。とにかく、8回が保育園との約束だからそれまでは行くよ」と答えると、「わかった！　わかった！」との返事。

座席に腰をおろすと、彼の担任が「彼は中学のときから親や教師に不信感を抱いていて、自分の気持ちを素直に言えないんです。いい奴なんですが」と小声で言った。

今日も相変わらず天候が不安定で寒い。生徒は身を縮めながら足早に保育園に入る。保育園では、いつものように園児が手を振りながら待っていてくれた。2歳児は遊戯室で、はしごの上を手と足を上手に使って歩いたり、ボール投げ、コマ回しなどで遊ぶ。高校生の多くは、コマがうまく回せない。日本の伝承遊びの一つだが、今の子どもたちには珍しい遊びの一つになっているようだ。どうにかコマが回せるようになると得意そうに園児に見せる高校生。高校生の方

写真 2-8 笑顔で高校生を迎える園児たち

がうれしそうだ。

　一方、バスのなかで「保育園はもういいや！」と言っていた男子生徒は、まるで園児のようにはしゃいでいるではないか。その姿を見て私は一安心した。

■ 7回目──2002年1月29日

　なんと今日は、東京からフリーライター、そして地元境港や岸本の小・中学校の教職員、保育園・幼稚園の職員が授業を見学することになった。生徒と同じバスで園児の待つ保育園に出かけることになり、バスのなかで見学者を高校生に紹介した。

　「何も隠すことはない、あるがままの子どもたちの関わりを見てもらえたら」とつぶやきながらバスを降りる。

　園庭は雪が降り積もり、園児は雪だるまをつくって遊んでいた。相変わらず寒い。各部屋ごとに関わる内容は違うが、7回目の交流とあって園児との関わりは比較的スムーズに進んでいるようだ。寒さが続いて多くの園児が欠席しているものの、新しく他のパートナーと関わりをもつ生徒の表情は最初の頃に比べるとやわらかい。

　どの生徒もあきらめることなく園児と向き合っている。その表情も温かい。そこへ突然の吹雪。からだを縮こまらせながら園児と真剣に向き合い雪と戯れ

写真 2-9　園庭で雪遊び

る高校生の姿を目の当たりにして、私はカメラのシャッターを押し続けた（写真 2-9）。いよいよ、来週で園児との交流も最終回となる。

■ 8 回目——2002 年 2 月 5 日

　とうとう園児とお別れの日がやって来た。11 月という年度途中からの緊急プログラムを行ってきた園児との交流もいよいよ最終回となった。大きな問題もなくまずは一安心だ。今日は、朝 9 時に学校を出発して保育園には 12 時過ぎまでいて、食事も一緒にしながら交流する。そして、午後は学校でふりかえりをすることになる。いったいどんな一日になるだろうか。

　「いよいよ最終回だよ。気合い入れていこう！」と高校の玄関前でバスに乗り込む。バスのなかはこれまで以上に賑やかなものになった。ずいぶんクラスのなかの風通しがよくなったようだ。

　バスを降りると園児が待っている。玄関まで迎えに出て保育士の方と一緒に手を振ってくれている。毎回のように、「待っていてくれる」ことは高校生にとってはたまらなくうれしいに違いない。

　お別れ会が遊戯室で始まる。園長、担任の挨拶の後、クラス代表の高校生が挨拶。マイクを片手に紙を見ながらだったが、しっかりとした声で保育園の職員や園児に心からの「ありがとう！」のメッセージを伝えた。そのあと、最後

写真2-10　公園まで散歩

の交流だ。2歳児は近くの公園までお兄ちゃん、お姉ちゃんと散歩。園児の手をしっかり握りしめ、ゆっくりゆっくりとパートナーの呼吸に合わせて歩き始める。「あっ、汽車だ。どこに行くのかなー？」、「お父さんとね、○○に行ったんだよ」など、園児は大好きなお兄さん、お姉さんに話しかける。お地蔵さんの前では「拝んで拝んで」と園児に声かけをして、手を合わせる高校生。小さな虫を見つけたら「かわいそうだね。虫の赤ちゃん死んでるね。虫さんのお父さんお母さん悲しいだろうね」と話しかけたり、園児の靴が脱げるとやさしく靴を履かせたりする高校生。公園までの散歩は、楽しくていろいろな発見のある時間だった（写真2-10）。

　保育園に帰ると、園児の靴をきちんと揃える高校生。あたりまえのようだが、それをごくふつうにやってしまう生徒たち。こんなお互いの姿をクラスの仲間は互いに見合ってきたのだ。保育園では誰一人かっこうをつける者はいない。真っ裸の自分で園児と向き合っている。これらは、まさにクラスの仲間一人ひとりに対する再認識の場となり、クラス内の人間関係を大きく膨らませている。

　いよいよ、お互いにプレゼント交換をする。高校生は、保育園からパートナーと一緒の写真とメッセージをもらった。高校生からは、園児にあてたメッセージと牛乳パックで作成したウサギなどのクラフトをプレゼントした。そして、生徒一人ひとりが8回の交流を振り返ってみんなの前で語る。

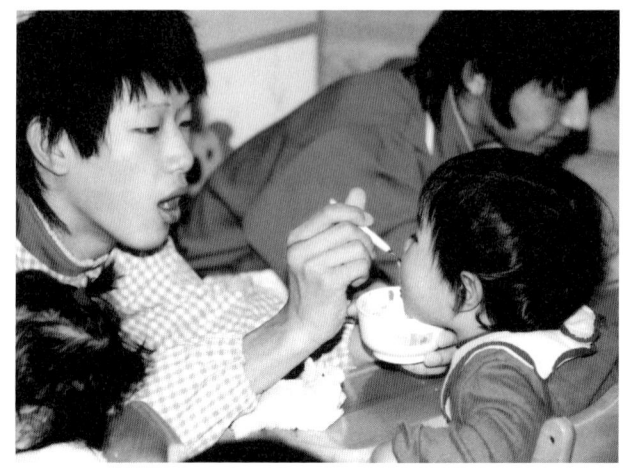

写真2-11 なぜか一緒に口を開けて……

　いつも泣いているパートナーに寄り添っていたSくんは「正直、辛かった。でも、周りを見たらみんなが頑張っているので、一人だけやめるわけにはいかなかった。あきらめなくてよかった」と。

　今では、お兄ちゃんに抱かれても大丈夫だ。その関わりを見守ってこられた保育士さんから、「私もあなたの頑張りに学びました」とうれしいメッセージをもらった。もし、これが2～3回程度の交流ならば、Sくんのような感想はなかっただろう。

　保育士さんからも感想をいただいて、いよいよ楽しい食事となった。高校生は弁当、おにぎりを用意している。各テーブルごとにパートナーに寄り添いながら昼食をとる。高校生が園児のおかずをのぞきんで、「おいしそうだね。お姉ちゃんも食べたいな」と言うと、「お姉ちゃん、いいよ。食べていいよ」と園児が箸にとって高校生の口まで運ぶ。ご飯つぶがほっぺや服についていると「ほらほら、ご飯つぶがついてるよ」と指摘したり、とってやったりする高校生。園児が洟(はな)を垂らして食べにくそうにしているとティッシュで洟を拭き取ってやったり（写真2-12）、「ご飯は残したらいけないよ！」と弁当箱のご飯つぶを寄せ集めて、園児に食べさせてやったりする高校生など、とにかく見ていてほほえましい。園児も心弾む時間と感じているのか、おかわりをする子が多い。

　食事の時間もあっと言う間に終わり、お別れの時間が迫ってきた。最後は、

写真2-12　園児の涎を拭いてやる高校生

　バスが停車しているところまで高校生と園児が別れを惜しむ。園児も保育士の方も高校生に向けて手を振ってくれる。高校生も、バスの後部座席や窓越しに身を乗り出しながら園児や保育士の方に別れを惜しむように手を振る。私は、その姿を車内で8回も心を熱くしながら見てきた。

　　　　　　　＊　　　　　＊　　　　　＊

　何よりも「自分を待っていてくれる人がいる」「自分を必要としてくれる人がいる」と、すべての高校生が実感として気づくことで、自分の存在感を確信することができたのではないだろうか。
　この8回の交流で、私は高校生たちが園児一人ひとりに対して真剣に向き合い、すばらしい笑顔を送っている姿を見た。笑顔は、人との距離を近づける。これはクラス内の生徒どうしの距離を近づけることにもなり、今まで以上に私と生徒との距離も短くさせた。

■交流を終えての感想と保育園からのメッセージ■

(1)生徒の感想
〈2歳児担当の男子生徒Aくん〉

　保育園に行くと言われたとき、正直「保育園との交流は面倒くさい」と思っていた。でも、行けば行くほど交流に出かける日が楽しみになっている自分に気づいた。はじめは、「なんで、英語や体育の時間をつぶしてまで保育園にこないといけないんだろう」と思っていたけど、パートナーの園児が可愛くなってきた。当然、はじめは疲れる方が多かったけれど、回数が増えるたびに「こんなのもいいなあ……」と思い出した。そして、行くたびに園児がうれしそうに待っていてくれるのが、たまらなくうれしかった。この体験を生かして頑張ります。保育園の先生、いろいろお世話になりました。

〈1歳児担当の女子生徒Nさん〉

　園児との交流で8回も出かけたのははじめてだった。はじめは、パートナーの園児にどう言葉かけをしたり、関わったらいいのかわからなくて戸惑ったけど、3回目ぐらいの交流から慣れてきて、はじめにはみられないお互いの笑顔や大きな声で関われるようになった。パートナーは私にすごい可愛い笑顔を見せてくれて、自分も自然と笑顔になって楽しんでいる自分がいました。でも、わがままを言うときもあった。自分もこんなに小さいときは、わがまま言って親を困らせていたのかと思うと親に感謝したい気持ちになった。先生方お世話になりました。少しだけ、子育ての大変さがわかったような気がします。

(2)保育園からのメッセージ

　ずっと泣かれることの多かったSくんですが、あきらめず最後まで頑張りましたね。本当にありがとう。一生懸命な姿は、必ず相手に通じますからね。そして、自分の自信にもつながります。常に相手を思いやる心を今回の交流で学んだと思います。この経験が日々の生活や学校生活の中で生かされることを願っています。ありがとうございました。

　折り紙をした日を覚えていますか。Kくんが、Iくんに『やればできるじゃないか』と言った言葉すばらしいと思います。誰でも良いところと悪いところがあるけど、人の良いところはなかなか見えにくいと思います。しかし、見つけようとして見ているとたくさん見えてくるものです。あなたのそばにいる人の良いところをたくさん見つけてあげてほめてあげてください。そして、自分の良いところもたくさん見つけてね。

(3)保育園児の保護者からのメッセージ

　娘の体調がもう一つで、保育園をお休みして最後の交流でパートナーのTさんと娘が関わることができませんでした。痛々しい傷も昨日から少しは良くなりました。Tお姉さんから娘へのプレゼントとメッセージが保育園から届き喜んでいました。

　メッセージは、私が娘を前にして読んでやるとなんと泣き出しました。「どうしたの？」と尋ねると、「きょう会えなかったから、悲しいし寂しい」と。親の私までウルウルして涙をもらってしまいました。とにかく娘の態度、行動にはビックリです。「なあ、お母さん！　Tお姉さんに手紙の返事を書いてほしい」と何度も頼むので書きました。娘は横で私をずっと見ていました。この気持ちを大切にしてやらないといけないと思いながら書きました。どうか、手紙と娘が折った折り紙の船をTお姉さんに届けていただけませんか。交流がここまで娘の心を動かすとは思っていませんでした。本当にみなさんに感謝の気持ちでいっぱいです。

3
園児との交流を終えて

1——交流体験後の授業

■気づきの体験学習③——2002年2月12日

　1年2組の教室に入るなり、「先生、今日は何するの」と生徒が尋ねてきた。
　「担任の先生からも聴いていると思うけど、保育園での交流がすんで今日から3月までのこの時間は、学校で仲間づくりをします。みんな園児との交流はどうでしたか？　8回の交流は長く感じたかな、短く感じたかな？　先生な、みんなのいい顔見せてもらった。みんなもクラスのみんなのいい顔見ただろう。○○くん、いいお父さんしている。笑顔がいいね。○○さん、まるでお母さんのようだ。『学校のときの顔と違うがな』と思った人もいるだろう。みんないいとこあるんだ。そのことを少しでも気づいただろう。それに、何よりも園児のことをいちばんに思って関わることで、『お兄ちゃん、お姉ちゃん、ありがとう』って、園児から喜ばれただろう。人から喜ばれたらうれしいよね。そんな気持ちを何回も感じていると、『自分にもいいところがあるんだ』って思えるよね。
　さあ、今まで保育園でクラスの仲間のよいところや自分のよいところに気づく場をもらったのだけれど、これからは、この交流を生かしてもっとみんなが

関わって、いい仲間、いいクラスになって2年生、3年生とすてきな学校生活を過ごしてくれたらいいな」と生徒に語りかけて、リーダーシップについて考える「気づきの体験学習」を行った。

■**気づきの体験学習④**——2002年2月19日

　保育園での園児との交流を終えて二度目の教室内での人間関係体験学習だ。今回もそれこそいろいろな人と関わりを深めてもらおうと新たなグループ分けをするが、封筒から番号を書いたカードを取るときの生徒の表情は、以前よりも落ち着いたものだった。先週の学習記録をまとめたプリントを配布しながら、「先週のグループ活動がとても楽しかった」「あまり話したことがない人だったけど楽しくできた」など、クラスの仲間がどんな感想を寄せているのかを共有し合った。今日の体験学習は、相手のことを思いやることがねらいの学習だ。

■**性格検査・励ましの手紙**——2002年3月5日

　性格検査を終えて、いよいよ5ヶ月間にわたって行われた1年生の人間関係体験学習も、今日でとりあえず一区切りだ。いろいろな思いが渦巻くなかで1年2組の教室に向かった。

　いつものように、「おーい、席に着いて」と声をかける。「シャツ入れて。前向いて、姿勢を正して私の顔を見てください。お願いします」と授業開始の挨拶。「最後になったね。1年間いろいろあったね。みんなにとってこの授業どうだったのかな？　先生はね、この5ヶ月まさに死にものぐるいで、みんなに寄り添って歩いてきたよ。この授業をやって本当によかったと思う」と、自分のここまでの思いを彼らに伝えた。

　「さて、今日は最終回だよね。いいかい、これから自分から自分にあてた『励ましの手紙』を書いてもらいます」と言うと、間髪入れずに生徒たちから「どんなふうに手紙を書くの？」と質問が返ってきた。そこで、「参考までに先輩が書いた手紙をいくつか紹介するからよく聴いていてね」と言いながら、例として先輩たちの「励ましの手紙」をいくつか読むとみんな神妙な面持ちで聞いている。

　課題シートと原稿用紙を配布し早速スタートした。しかし、何人かは後ろや

横を向いてどう書いたらいいか話している者もいる。書きながら「先生、書いたらこれどうする!?」と質問する者もいる。「そうだな、担任の先生には見てもらおうと思っているんだが……」と答えると、「俺、前に出て読まないよ!」と牽制球を投げる生徒もいる。

　生徒が書き終えたところで、「誰か読んでもらえないかな?」と投げかけてみる。生徒どうしで、「○○やれよ!」の声があがるが、さすがにみんなの前で手紙を読むとなると仲間のようすを見ている。そこで、ルーム長のFくんに振ってみると、「読んでもいいよ」と快諾してくれた。

　原稿用紙に書き綴った「励ましの手紙」をみんなの前で堂々と読み出した。彼の真剣な表情に圧倒されたのか、誰一人おしゃべりすることなく、みんなが聴いていた。読み終えると、拍手の嵐となった。あるがままの自分を語った彼に、惜しみない拍手がクラス内に鳴り響いたのだ。誰が見てもこの授業をやる前のクラスの雰囲気とは大きく変わったことがわかるだろう。自分が仲間から受け入れられていることが肌で感じられるのだ。最後は担任からのメッセージで授業はすべて終了となった。

2── 人間関係体験学習を終えて

(1) 生徒の心を揺さぶり続けた5ヶ月

　5ヶ月間の人間関係体験学習が終わった。担当者の一人としてよくここまでやれたと自分をほめてやりたい。振り返ると、何よりも生徒たちの心を揺さぶり続けた5ヶ月間であった。とにかく、筋書き通りにいかないさまざまな人と関わる場を提供し続け、生徒たちの心を揺さぶったことは確かだった。短期間ではあったが、1年生一人ひとりの生徒にまさに喜怒哀楽の感情を流し込み続けたと思う。それには、年度途中にもかかわらず、物心両面の支援をしてくださった県の教育委員会、快く交流の申し入れを引き受けてくださった旧東伯町内の保育園関係者、そして、本校1年団をはじめ、職員の温かい協力があったからこそできたものだった。

　1年団の教師と力を合わせながら学習をつくり上げてくる段階で、担当者の

■人間関係体験学習を終えての感想とメッセージ■

(1)生徒の感想

保育園に行くのが毎回楽しかった。不安になったりしたけど、子どもの笑顔をみると元気になったりした。子どもが私に慣れてくれるのに少し時間がかかったけど、なついてくれると私が保育園にやってくるのを楽しみにしていてくれてうれしかった。クラスでグループに分かれて課題に取り組む体験学習では、今まで仲が良くなかった人やあまり話したことのない人と同じグループになってもいろんな良いところが見えた。人を見た目で決めつけていたところが今まであるけど、それではいけないと思った。これから人を見る目を変えていくつもりだ。

(2)担任からのメッセージ

この1年間をふりかえってみると、今年受けもったクラスや学年全体の特徴の一つとして化粧、ピアス、茶髪など、時間とお金をかけて容姿を磨いている生徒が多かった。なぜ化粧をするのか。きれいに見せようとしていると思われるが、実際には自分の素顔、つまり、自分のありのままを見せないように化粧している気がする。本当の自分や人と異なった思いをもつ自分を押し隠すように、あるいは、本当の自分にふれてほしくないのかもしれない。

学校から飛び出して8回も保育園に出かけて園児と交流した。園児と遊んでいるときのクラスの生徒の顔は、学校で見るときの顔とは異なり、どの生徒も笑顔がすてきだった。園児を交えてみんなで大きな輪になったとき、学校では手もつないだことのない生徒同士で手をつないでいた。同級生が隣の園児とうまく遊んでいるのをみて、自分も真似してみたり、泣かれて困っているときは保育士さんにアドバイスしてもらうことでホッとした姿もあった。どれも学校ではあまり見られない光景だ。その一方で、最後まで園児と打ち解けて遊べなかった生徒もいた。自分のペースでしか子どもに関われず、うまくできないもどかしさやイライラした気持ちから、園児との交流を「面倒くさい」「何で何度も行かないといけない」と、感じていた生徒もいた。

この授業日は、欠席が少なかった。他の学校行事に比べても、欠席の生徒が少なかった。「保育園の園児が待っているから」と、この授業だけを受けにきた生徒もいた。園児との交流がとても楽しかったと、交流後の感想にも書いている。ふだん「ピアスをはずしなさい」と言っても応じない生徒も、結局は取り外して保育園に出かけた。ふだんの学校生活とは違う生徒の対応がこの授業のときはあった。クラスや生徒の状況をふまえて、生徒達の情緒の安定や人と関わることの大切さやその方法などを学ぶためにこの授業が始められたが、その結果はどうであったかはまだよくわからない。

これまで育ってきた結果が、それぞれの生徒の行動や考え方そのものだとすると、それを一朝一夕に変えることはできない。しかし、このような取組をしていく中で少しずつではあるが、変わるきっかけが用意されていくような気がする。

園児との交流の感想で「自分が幼い頃のことを思い出しました」と書いている生徒も何人かいた。それは、「かわいがってもらった」という思い出であり、「自分(子ども)も一生懸命いろんなことに頑張っていた」ことであった。ふだんの生活で園児に対するように誰にでも優しく接したりできたらよいが、それはなかなか難しい。しかし、どんな人でも「かけがえのない存在」であることは、共感できたのではないか。「パートナーの園児が待っているから」と、この授業を休まなかったり、「パートナーが体調くずして休んでいて、とても残念だった」などと、「自分を待っていてくれる他人」を意識することで、自分自身の存在自体の大切さを保育園児に教えられた体験学習だった。

一人としてたくさんのことを学ばせていただいた。この５ヶ月間が生徒一人ひとりにとってかけがえのない日々であったように、私にとってもかけがえのないものとなった。生徒たちの学びの場に関わらせてもらったことに感謝でいっぱいだ。この生徒たちがこの取り組みを卒業まで繰り返し学んで巣立つとき、人としてどれだけ成長しているのか楽しみだ。生徒一人ひとりが私たち教師の夢なのだから。

(2)卒業のメッセージ

　2004年３月１日、旅立っていく卒業生の一人が卒業式で答辞を読んだ。３年前、緊急に人間関係づくりの授業を行うことを職員会議で決定した学年の生徒たちが晴れの卒業式を迎えたのだ。彼は答辞のなかで、人間関係づくりの学習やクラスの仲間のことに触れた。

　「３年前、僕たちは期待に胸を膨らませ、この赤碕高校に入学した。入学した当初は、クラスの人たちとうまく関われず、クラスの中にまとまりがなかった。グループもたくさんあった。自分としては『このままでいいのかなあ』と感じたが、まあ『なんとかなる』と思っていた。しかし、簡単にクラスはまとまらなかった。僕たちの会話は、からかいや冷やかしばかりで、相手の存在を認めるどころではなかったように思う。そのなかで、人間関係づくりを学ぶ授業が、１年生全員を対象に始まった。その授業のなかで僕たちは、今まで話したことのなかったクラスの仲間の一人ひとりの意外な一面に気づき、その人のいいところを理解した。その結果、徐々に自分の心を開いてクラスの仲間に話せるようになった。今では誰一人欠けることが許されない大切な友達になった。」

　その場に居合わせた私は、感動で胸が震えた。式を終えた生徒たちは、「お世話になりました」「ありがとうございました」と言葉を添えて、担任に花束を一人ひとりが手渡した。担任は、花束を受け取りながら、一人ひとりの手を握りしめながら言葉をかけた。

　同席した私は、涙をこらえるのに必死だった。「みんなは先生の夢だ！　先生がここまで頑張れたのは、みんなの笑顔に照らされてきたからだ。ありがとう」と、心の中でつぶやきながら、彼らと歩んだ３年間が、浮かんでは消え、

また浮かんだ。

卒業生が「園児たちとの３年間の長期交流」を思い出しながら詩を書いた。曲をつけ、ギター片手に声高らかに歌った。歌い終わると何人かの生徒がそばに来て、「先生！　俺、赤碕高校に来てよかった」とつぶやいた。涙が止まらなかった。保育園の卒園式ではその曲が流れた。感動だった。

> 「素直な気持ち」
> ♪ここで見る空まぶしい太陽　小さな心と大きな夢　包んでくれた母さんの手　大切な温もりを僕らは忘れていく　流れる涙の意味を知り　君に少しでも近づきたいんだ　精一杯のこの気持ち伝われば　僕と遊んでくれるかな　君と裸足で水遊び砂場で川づくり　もうできないなんて淋しいけれど忘れはしないよ　君をやさしく抱っこして君も笑えば　僕の心の中の雨雲は晴れていくのさ　感情をここで今って何を感じる　ここにいた僕らはこれから生き続けるのさ♪

全国に先駆け人間関係づくりの授業を実践してきた赤碕高校の取り組みには、今日の子どもや大人たちが抱えているさまざまな問題解決のための糸口があるように思う。今を生きる日本中のすべての子どもたち、いや大人の私たちも「いのち」や「人間関係・コミュニケーション」を学校や地域・職場で学ばないといけない情けない時代だ。

(3)交流を成功させるためには

①継続的な交流をする

私たちの取り組みは1994年にスタートしたが、その頃は乳幼児や高齢者との交流は珍しかった。今では、園児や高齢者との交流は、全国の学校現場で取り組まれるようになってきたが、はたしてどれだけの学校が受け入れ側のことを考えて交流しているだろうか。私が赤碕高校で乳幼児や高齢者の施設利用者との交流を実践しはじめた頃は、私自身も自分の高校の生徒のことばかりを考えていて、学校側に都合のよいことばかりを受け入れ施設に押しつけていたように思う。

学校現場の交流は２〜３回程度で終わってしまうところが少なくないが、

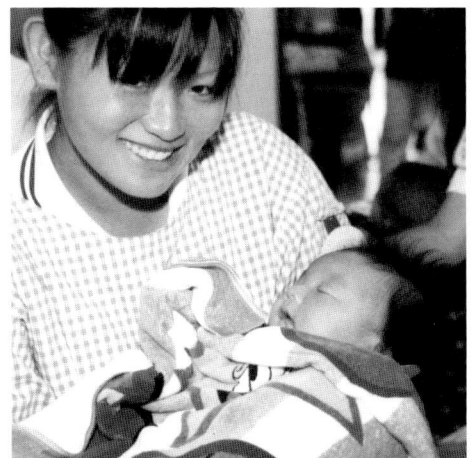

写真2-13　ふだんの学校生活ではなかなか見られない笑顔を見せてくれた高校生たち

　これこそ、「体験学習をやらないよりはやった方がよい」という学校現場の都合ではないのか。英語や数学、国語などの教科授業には時間をかけるのに、人間性・人間関係教育などの学習は、単発行事型であることが少なくない。受け入れ側はそれを歓迎しているのであろうか。たとえ1回の時間は短くても、赤碕高校が実践してきたように継続的な交流が必要ではなかろうか。
　保育園での交流で、泣きじゃくる人見知りの園児や落ち着きのない園児に悪戦苦闘する高校生の姿を目の当たりにすることがある。「お兄ちゃんがあなたのパートナーだよ」と、言葉をかけてもすんなりと高校生に飛び込んでこない。泣いてばかりで、高校生のそばに行こうともしない。交流のたびに泣かれて、さすがに生徒から「先生、たまらないよ。俺のほうが泣きたいよ」と本音がポロリ。そんな場面をよく目にする。また、高校生にきちんと向き合うこともなく、好き勝手なふるまいをする落ち着きのない園児も目立つ。当然、担当の生徒は自分が受け入れてもらえないことに悩み苦しむ。
　もし、交流が2〜3回で終わり、このような関わりのまま交流を終えてしまった生徒は、赤ちゃんや幼児をはたして好きになるだろうか。この高校生は、嫌な思い出をもったまま、将来にわたって幼い子と関わろうとしなくなるかもしれない。一方、保育園の園児にも同じようなことが言える。台風のように、突然自分たちの前に高校生が顔を出して、あっと言う間に帰ってしまう。なかな

か心開けないまま関わる園児も、自分を受け入れてもらったという安心感を実感できないまま終わってしまう。このような受け入れ側への配慮に欠けた交流は避けなければいけない。

　赤碕高校に入学してきたある生徒が、園児との交流前に書いたレポートの一部にこんなものがある。「やっぱり子どもは嫌い。保育園の先生も嫌い。私は保育園というところじたい大嫌い……」

　この生徒に後から話をしっかり聴いたが、中学時代にそれこそ1回の園児との交流があり、園児との関係がうまくつくれないまま終わったのだと言う。2～3回の交流では、このように嫌な体験としてしか残らないケースがあることを、現場の教師たちは知っているのだろうか。ここまでいかなくても、お互いが気持ちを寄せられるようになったと思ったら「さようなら」では、深い気づきは期待できない。

　高齢者との交流も同じことだ。老いた経験は私たち大人でもない。老いていくことに不安やとまどいは誰でももっている。それでも、祖父母と生活をともにしていれば関わりは違ってくるのだが、現実の生活のなかには祖父母の姿はなく、今やイベントでしか関わりがないので、どう関わりをもったらいいのかがわからない。関わった経験がないので言葉も出てこない。だから、ぶっきらぼうにもなってしまう。

　わずかの交流回数では、相手と深い関わりをもつ糸口がつかめないうちに終わる生徒もいるかも知れない。なかには「臭い」などともらす高校生もいる。一方で、繰り返し繰り返し関わることで、しわだらけの手からも人生をしっかり生き抜いてきた生きざまを知り、自分のいのちの尊さや生き方をあらためて問い直す生徒も少なくない。

　読み書き計算にはあれほど繰り返し時間をかけているのに、心の礎になる役立ち感や自己肯定感、ホスピタリティ・マインド（思いやりの心）への気づき、コミュニケーション力、実践力（行動力、リーダーシップ、経験力）、気力を育むのに、学校現場はどれだけ時間を割いているだろうか。

　どこの高校や大学に何人合格者を出すかではなく、将来にわたって、社会に出てどんな貢献をする人を育てるかが問題だ。今の時代にあって「人としての土台」を育むには、繰り返すこと、つまり「継続」しかない。

②クラスをバラバラにしない

　中学生が地域の職場に出かけて職場体験を１週間ほど行う取り組みが今や全国各地の中学校に拡がっている。中学生が働くようすを担当教師や保護者が目の当たりにして、「学校では見せない表情をしている」との声が届く。確かに、郵便局や消防署などで働く中学生は、生き生きした表情に見える。でも、同じクラスの仲間にはその姿は見えない。

　その点、赤碕高校の交流は、決してクラスをバラバラにしない。同じ保育園や高齢者施設に出かけて関わりをもつことで、一人ひとりのクラスの仲間の姿が見える。「へぇ！　○○さん、やさしいんだ」、「○○くん、いい顔しているね」など、学校では見えないクラス一人ひとりの一生懸命な関わりを目の当たりにすることが、仲間を再認識することにつながり、その結果、クラス内の雰囲気は温かいものに変わっていく。つまり、安心して学ぶことができる環境ができ、一人ひとりの生徒にとって居心地のよいものになる。

③**交流受入先の施設にとっても有意義なものになっているか**

　毎年この交流授業を行うときに考えることは、保育園や高齢者の施設は学校に学ぶ子どもたちの心のリハビリテーション施設ではないということだ。関わりをもつ保育園の園児や保護者、保育士さんなどの職員、高齢者施設利用者、施設の職員などにとっても、この交流が意義あるものでなくてはならない。そうでないと、この交流は決して長続きしない。

　そのためには、交流をお願いする学校現場の教師が交流先の施設のことを十分理解する必要がある。赤碕高校の職員も授業時間をやりくりしながら、事前に保育園等の施設見学を行ったり、保育園の関係者に学校に来ていただき保育園のようすなどを話してもらった。つまり、長期にわたる交流授業が、生徒だけでなく交流先の園児や園児の保護者、高齢者、施設職員、地域にとっても有意義なものになるように打ち合わせ会などを密にした。

　このように、今後の学校現場の教師には、学校現場での関わりに加え、学校と行政、地域をコーディネートしていく力が求められているように思う。

(4)**交流受入先にとってのメリット**

　今まで、交流体験授業を行うと、学校現場のメリットのみがマスコミも含め

て語られてきた。しかし、交流受入先の施設は学校現場の心のリハビリテーション施設ではない。これからはもっと、こうした交流が、受入側の保育園や幼稚園、高齢者施設の利用者や職員などにどのような影響を及ぼしているのかをしっかり検証していく必要がある。お互いにとって交流がプラスになるように学校側も一考すべきである。

今まで、交流体験授業を実践してきて保育園側や高齢者施設側にどのような効果やメリットがあったのかをまとめてみた。

■保育園
〈園　　児〉
①パートナーの高校生が心を開いて関わることで、園児は、自分が受け入れてもらえるという安心感のなかで、他人を信頼する心が育まれる。
　［乳　児］愛される体験を通して親子関係が育まれるが、他人から同じように大切にされるという体験を通して、自分が守られているという安心感、自分が周囲の人に愛されているという信頼感が形成される。
　［幼　児］子どもなりのルールができて、自分の衝動や感情を自制することができるようになる時期であり、また、想像力や創造力の開発の時期でもある。高校生と関わることによって、園児は社会性が広がるとともに、想像力、自発性の基盤づくりに重要な体験となる。高校生と関わりをもつことで安心感が生まれれば、園児の自発性や探求心は大いに発揮され、より感性の豊かな子どもたちに育つと考えられる。
②この交流体験授業では、園児と高校生が１対１で関わるので、園児たち一人ひとりが大きな喜びを実感する。楽しい時間を心待ちにするということは、いかなる年齢の子どもにとっても無上の喜びであり、心の成長のために必要なことである。また、お互いが大切な存在になり、出会うことの喜びと別れの寂しさを分かち合うことは、情緒面での豊かな人間成長を促す。
③お兄さん、お姉さんと関わることで、自分の将来像を思い描く上での具体的なモデルに触れることができる。
④いろいろな人と触れ合うことの楽しさを実感する（誰かとともに過ごすことがこんなに心弾むものかと実感する）。

写真2-14　園児たちの活動に広がりをもたらした交流体験授業

〈保護者〉
①高校生と継続的に交流することで、園児一人ひとりが心揺さぶられる。園児が家庭に帰って、お兄さん、お姉さんとの関わりのようすを楽しそうに話すことで、親子の関わりも増える。そのことが、わが子を理解することにつながったり、わが子の成長により関心をもつようになったりして、親子関係もよくなる。

〈保育園職員〉
①高校生が園児と1対1で関わりをもつことで、園児の表情は大きく膨らむ。園児の表情や姿から、交流の大切さを学ぶ機会は多い。
②専門的な知識はなくても、温かいまなざしで園児一人ひとりを見つめたり、とことん園児に関わり合う高校生の姿に学ぶことは多い。
③高校生と園児が1対1でのマンツーマンの関わりをもつことで、園児たちの活動に広がり（海や川、山、野原などの実体験）を持たせることができる。

■高齢者施設
〈高齢者施設利用者〉
　高齢者施設の利用者も保育園の園児と同様に、高校生がパートナーとして1対1で関わるので、自分をしっかりと受け止めてもらっているという喜びを実感する。ややもすると、ふだん施設職員は仕事の段取りなどに気持ちが向き

写真 2-15　高齢者の話に耳を傾ける高校生

がちで、利用者の方に声をかけたりするものの、しっかりと手を止めて利用者と向き合って話を聴いてあげることは少ないと言う。ところが、高校生も交流時間はしっかり寄り添ってくれるので、毎回のように楽しい時間を心待ちにするようになる。人はどんなに年を重ねても、「自分の方を見つめていてもらいたい」「話を聴いてもらいたい」のだと思う。利用者にとって、たとえ、1時間や2時間でも継続的に「自分を大切してくれている」という実感をもてることは、大きな生きる喜びと元気をもらう場となる。

〈高齢者施設職員〉
　高校生は専門的な知識や技術はなくても、なんとか利用者から受け入れてもらいたいと、温かいまなざしでパートナーの利用者の方を見つめたり、じっくりと話に耳を傾ける姿勢には毎回のように心が動かされ、職員にとっても自分をふりかえるよい機会となる。

3——高校生たちの声

　授業のたびに高校生が綴る学習記録から特徴的なものを拾い出し整理してみた。

①小学校や中学校にコミュニケーション授業があったら……

　３年間のコミュニケーション授業を終えるときにアンケート調査を行うが、その一つに「本校のようなコミュニケーション授業が小学校や中学校であったら、あなたの生き方にどんな影響があったと思いますか？」という項目がある。高校３年生が綴った思いを少し紹介する。

○小・中学校で無視され続け「自分はいなくてもいい人なんだ」と思っていた。もし、小・中学校でこの授業をみんなが体験していたら、仲間も私との関わりが違っていただろう。そして、私ももっと明るく素直になれていたかな。また、相手を思いやる気持ちを大切にしているので、他人を傷つけたり、傷つけられたりもしないと思う。自分に自信がもてて学校に行っても毎日が楽しいと思う。こんな授業を早くやりたかった。

○いじめがなくなるかな。この授業は友達のよいところがたくさん見れるから。小さな子どもがめっちゃ好きになったり、もっと明るく積極的になっていたと思う。

○もし、小学校や中学校でこんな授業があったら、もっと他人のことを考えられる人になっていたと思う。そして、友達がもっと増えていたと思う。人と接することが、今よりはもっと好きになっていると思うし、もっと前から自分のよいところが見つかって、学校が楽しかったに違いない。

②もし、赤碕高校でこの授業がなかったとしたら……

　同様に「もし、高校でこのような授業を受講していなかったら？」とアンケートで投げかけると下記のような声がたくさん綴られていた。

○他人の痛みや辛さをわかろうともせず、他人を傷つけていたのではないか。

○見かけだけで他人を判断して、決まった人だけしかしゃべらなかったと思う。そして、すごく嫌いな自分から抜け出していないと思う。

○きっと消極的なままだったり、今よりもっと自分のことしか考えていなかったと思う。

③この授業を3年間体験して

最後に「コミュニケーション授業を3年間継続して体験して思うこと」を尋ねたところ、以下のような回答が寄せられた。

○パートナーから「ありがとう」のその一言を聴くだけでうれしくなった。そして、そういわれるたびに自分が成長し自信もついた。
○自分が変わった。悲しい涙、うれしい涙、普通の授業では絶対にこんな涙は流せません。
○中学の先生にたくさん迷惑をかけた。「先生がわかってくれないから」とよく言っていたが、あれは先生が悪いのではなく、先生のことをわかろうとしなかった自分が悪い。今、こうして気づけたのはこの授業のお陰だと思う。
○人の顔色ばかり見ていた私が、自分らしさを出せるようになった。友達とぶつかっても相手の気持ちを考えられるようになった。

赤碕高校での9年間の取り組みを整理してみると次のようになる。まさに、親や大人になるための準備教育と言っても過言ではない。

■次世代育成、親や大人になるための準備教育
①役立ち感を実感し自己肯定感を育む
　（やる気と元気の源→学ぶ意欲・働く意欲）
②思いやりを育む
③仲間づくりを促進（人間関係を修復・整理）
④コミュニケーション能力を高める
⑤子どもを好きになる（虐待の予防・少子化対策）
※基礎学力として、「人間関係・コミュニケーション」についての科目を導入することは社会の要請に応えることになる。

4——最後の授業

　2005年1月21日㈮は、私にとって生涯忘れられない日となった。前日の夜間から降り始めた雪は朝になっても降り続いていた。東京から飛び立った飛行機は着陸不可能ということで、米子空港を旋回して大阪に引き返した。

　県内に入る高速道路も一部封鎖された。このような悪天候のため多くの県外からの参観者が最後の授業を参観できなかったが、それでも前日からすでにおいでになっていた文部科学省の視学官をはじめ、県の教育委員会、小児科医、大学教授、商工会議所、教育関係者など、教室にあふれんばかりの方に見守られての授業となった。

　「3月2日はみんなの卒業式。そして、閉校式。赤碕高校50年の歴史に幕を閉じる日なんだけど、先生やお父さん、お母さんにどんな言葉をプレゼントして巣立っていくだろうか」と生徒たちに尋ねた。返ってくる言葉には「ありがとうございました」「お世話になりました」「おかげさまで」という言葉が必ず添えられていた。

　続けて、「人が何かしてくれたことをやさしさだと感じられたら、感謝の気持ちを言葉に表して私たちは『ありがとう』とか『お世話になりました』などの言葉をプレゼントするんだよね。いいかい、その言葉の背後には、人間関係が見え隠れする。どんな時代であっても人は人との関係のなかでしか生きられない。人は集団のなかで他人と関わり合って育ち、他人と協働し、いろんな役割を担って生活している。つまり、他人との関わりが私たちの人生を左右する大きな鍵を握っているんだ」と語り続けた。生徒たちの真剣な表情と向き合いながら授業は進んでいった。

　私たちは、そばにいる人とお互いわかり合いたいために、お互いが向き合い会話を始める。決して、人と憎しみ合ったり、非難中傷したり、喧嘩するために向き合うのではない。人は人を好きになるために人のなかで生きているのであって、お互いの考えや気持ちを少しでもわかり合いたいために向き合うのだと思う。コミュニケーションの定義はさまざまだが、私はこのことを「コミュニケーションする」と定義づけている。

　人として生きていくうえで欠かすことができないコミュニケーション能力だ

が、最近では若者のその力が落ちていることが指摘され、コミュニケーション能力育成の必要性や重要性をあちこちで耳にするようになったが、コミュニケーション教育は、小・中・高校を通じて、通常、教育課程には存在しない。一部、プレゼンテーションやディベートなどの学習を取り入れているところがあるが、相手の心を察して相手の立場に立って行動したり、生きていく意欲を育む「役立ち感」や「自己肯定感」を実感させる継続的な学習は、今日の学校現場にはあまりない。

　一昔前の日本のように、家庭や地域で人間関係やコミュニケーションが自然に学べた時代と違い、今の時代は、人にとってあたりまえの人間関係、コミュニケーションを読み書き計算と同様に教育課程に位置づけ、継続的に学び、育む場を意識的に提供することが必須な時代と言える。

　さて、授業に戻ろう。最後の授業内容は、クラスの仲間からメッセージをもらったり、もう一人の自分から自分にあてた「励ましの手紙」を読む。「仲間からのメッセージ」は、3年間の学校生活でクラスの仲間一人ひとりが鏡になり、鏡に映ったままのメッセージを仲間に送る。私たち大人でも、家庭や職場で仲間からどう見られているか気になるところだが、書き終えた高校生もどんなメッセージが自分に届くのか期待と不安でいっぱいだ。しばらくは、書かれた言葉をしっかりと受け止め自分と向き合う。すてきな自分の発見だ。

　「励ましの手紙」は、もう一人の自分から自分に激励の手紙を書いてクラスの仲間の前で一人ひとりが読む。1年よりは2年、2年よりは3年とクラスの人間関係が膨らむなかで、一人ひとりが仲間の前に自分をさらけ出せるようになる（自己開示）。いじめの辛さを語る生徒、甲子園を賭けた夏の高校野球大会で肘に注射を打ちながら投げ抜いた生徒、自分の嫌なところをさらけ出して語る生徒、自分の夢を見据える生徒など、生徒一人ひとりが3年間の成長を感じ取り、これからの自分についてしっかりと考えている。

　感極まって涙する生徒も少なくない。まるで人生ドラマだ。仲間がしっかりと自分を受け止めてくれているという実感があるから、自分の思いが安心して語れるのだ。つまり、クラスの一人ひとりが心を開いて仲間を受け入れていて、話す人と聴く人が一体となっているのだ。私もとても温かい気持ちになり「一人ひとりがすてきだなあ」「すてきなクラスだなあ」と幸せな気分で心が弾む。

写真2-16 多数の見学者が訪れた赤碕高校での最後の授業

　なかでも、「集団暴行を受けて人が信じられなくなって、何度も死を考えた」と言う男子生徒は、手紙を読み始めてから最後まで泣いていた。でも、死んだらパートナーの園児が悲しむと考え、彼は生きる道を選んだ。自殺を踏みとどまらせた授業だ。卒業後、彼と電話でやりとりすると、「僕が辛かったとき、この授業は僕自身の本質的なやさしさを思い出させてくれて、僕を裏切った友達を許せるほどに勇気づけてくれたんです。だから誰に対してもやさしくなれるし、今の職場の人に怒られても自分のために言ってくれてるのがよくわかるから、ストレスにならないんです。不思議ですよね。思いやりは時としてストレスもなくしてくれるんです。」

　「先生、この授業は前向きに生きるよう僕に教えてくれました。今もまだ人には少し恐怖を覚えますが、この授業を思い出すと心が楽になってまた人と向き合うことができるんです。金八先生の歌に『人は悲しみが多いほど人にはやさしくできる』って詞がありますよね、本当にその通りだと思います。この授業は自分を自殺から救ってくれた最高の授業だと心から思ってます。先生、本当にありがとう」と。

　最後のコミュニケーション授業は、生徒のみならず授業参観者の心も大きく揺さぶる３時間の感動・感涙のドラマのようだった。

■授業見学者からのメッセージ■

　本当に感動的な時間でした。あの場にいることができて本当によかったです。BGMもとってもよかったですね。すてきな演出で、生徒たちの最後の授業にかける想いが伝わってきますね。まず、仲間へのメッセージですが、みんながすらすらと書いていたのには驚きました。いつも学習記録などで書くことには慣れているということもあるのかもしれませんが、仲間のことをしっかり見ているのですね。それを読んでいるときの生徒の顔がうれしそうだったり、恥ずかしそうだったり、きっと破り捨ててしまった人はいないのでしょうね。どんなことも言い合える信頼できる仲間たちなのでしょうから。

　「励ましの手紙」すばらしかったです！自分を見つめ、よさを認められるだけでもすごいことです。それをみんなの前で発表するなんて。つらい過去や忘れてしまいたいこともみんなにさらけだせるなんて。それを受け止められるだけの仲間が、信頼できる仲間がいるからなんですよね。うらやましいですね。

　「赤碕高校しか入れないと先生に言われた」と彼女が言ってましたね。しかし、「3年後は赤碕高校に入学してよかった」と。こんなふうに思えるなんて幸せだなあと思いました。

　中学での進路指導には問題を感じてますが、高校に入学する前から夢も希望もなく、劣等感を感じたまま入学し、そのまま卒業したり中退してしまう子たちを知っています。「励ましの手紙」のなかでも、何人もの子が「やめようと思った」と話していたことにとても驚きました。でも、こうやって最後の授業で自分への「励ましの手紙」を読んでいる。思いはさまざまですが、人間関係づくりの授業があったからこそなんですよね。あらためて人と関わることの大切さを教えてもらいました。文部科学省が大きく動いてくれることを願うのみです。

　最後に先生が話された「父や母とあとどれだけ一緒にご飯が食べられるかな」という言葉はとっても響きました。親になってはじめて親のありがたみがわかったのに、なかなか素直になれず、いつまでも子どものような私。反省しつつ、自分ももっと変わらなければと思いました。「高塚先生と横山先生がいるかぎりこの授業はなくならない」と言った高校生に同感です！　心が心地よく揺れてとってもすてきな一日でした。本当にありがとうございました。

　　　　＊　　　　　　＊

　先日の自分への「励ましの手紙」はよかったですね。特に、いじめで悩んでいた男子、思わず目頭が熱くなりました。○○くんが「おばあちゃんのために」、△△くんが「妹のために」と、社会に出るにあたって決意を言っていたのも、感動しました。ホント、みんなよかったです。最後のコミュニケーション授業。雪の下で春を待つ福寿草のような、厳しい冬なのにあったかい芽吹きを待つようすのような気持ちのよい授業でした。

　3年B組金八先生の番組は、ドラマですが、赤碕高校にもっとすごい本物のドラマがありました。VTRカメラを回しながら涙がほほを伝いました。1月22日土曜日の夜でしたか、夜回り先生こと水谷修さんのテレビ番組も見ました。本当に家庭も社会もみんな狂っています。赤碕高校の人間関係づくり授業がすべてを解決する手段かどうかわかりませんが、鍵の一つであることは確かです。

授業の感想です。「高校生があそこまで思いを語るのか！」これが、正直な感想です。今の高校生は、どこか冷めていて、他人には無関心で、ちょっと一歩引いてて。そんなイメージを持っていました。しかし、赤碕高校の生徒はみんな仲間の話に真剣に耳を傾け、そして、自分の思いを思いっきりぶつけていました。多感な高校生ですから、ふざけや照れ、冷やかしが入ってもおかしくないような授業展開だったと思います。しかし、それどころか３時間という時間を感じさせないピンと張りつめた雰囲気の学習。一朝一夕に身につくものではないと思います。

確かなクラスづくり、仲間づくりが感じられました。わずか３時間の授業で、今までの３年間が見えてくるようでした。「人間関係づくり授業＝交流」のイメージが強くなっているような気がしますが、本来の人間関係づくり授業のすばらしさは、このような、自己を見つめる時間（しかけ）、他者と向き合う時間（しかけ）を持ち、一人ひとりに大切なことに気づかせる土台があるところだと思います。それから、先生方のバックアップ。高塚先生は、すべての生徒の発表のあとに、「励ましの言葉」を一人ひとりにかけられました。ほかの高校で、担任でない先生（たとえ進路担当だとしても）ができるでしょうか？

赤碕高校のたくさんの先生方も授業を見に来られていました。先生方と生徒の結びつきの強さを感じました。教育現場の流れが「生きる力」から「学力」に転換しようとしています。何度も言われていることですが、学力、学力と言って、学習ばかりに力を入れていても本当の力は身につかない。本音で語り合い、しっかり耳を傾け合える仲間、他人のことも受け入れることができる集団でなければ、安心して学ぶことができないと思います。

一人の生徒が、「赤碕高校にしか行けないと中学校で言われたので……」という過去を語っていました。では、その中学校では、安心して学べる仲間づくりをしていたのか？　一人ひとりに寄り添って、本当の進路指導（進学指導ではなく）をしていたのか？　「赤高にしか」と言われた彼女が、その赤高であんなに輝いているのはどうしてか？　本当の学力って、本当の生きる力って何なのか？　いろんなことを考えさせられました。

できないのは、悪いのは、全部子どものせいにして逃げている学校。一つのものさしで、すべてを決めてしまう教師。対学校、反学校で学校に責任転嫁する親や教育評論家（？）。でも、そんななかには、具体的に子どもたちにどうアプローチしたらよいかという話は出てきません。しかし、赤碕高校の取り組みは、だれもが学ぶ学校のなかで今、子どもたちに求められていることにピンポイントで焦点を当て、学校として何ができるのかを具体的に示したすばらしい取り組みだとあらためて感じています。

赤碕高校の人間関係づくり授業が、あの日で終わるなんて、もったいなくてしかたありません。これからの教育の大きな損失だと感じます。「すばらしい取り組みだった」で終わらせてはいけません。「人間関係」「コミュニケーション」というテーマは、これからの学校教育で必ず取り組んでいかなければならないというのは間違いありません。ここまで築いてくださったものを土台に、どう発展させていくのか、我々の課題でもあると思います。

付表2-1　年間計画（赤碕高校・健康スポーツコース、2001年度）

学年	1学期	2学期	3学期
1年	○コミュニケーション・ゲーム ○気づきの体験学習 ○東伯町内保育園児との交流	○東伯町内保育園児との交流 ○気づきの体験学習	○東伯町内保育園児との交流 ○気づきの体験学習
2年	○コミュニケーション・ゲーム ○気づきの体験学習 ○東伯町内保育園児との交流	○気づきの体験学習 ○東伯町社会福祉センター利用者との交流 ○赤碕町高齢者運動会支援	○気づきの体験学習 ○東伯町内保育園児との交流
3年	○赤碕町内保育園児との交流	○保育園児と高校生のわくわくドキドキ運動会（企画と運営の実際） ○特養百寿苑利用者との交流	○気づきの体験学習

付表2-2　地域との交流の時間数（赤碕高校・健康スポーツコース、2001年度）

学校と地域との心のハーモニー　　　地域との交流＝人間関係づくりの実際					
学年	単位	期間	交流先	回数	時間
1年	1	1～3学期	○東伯町立逢束保育園児との交流 （交流は2時間を原則とする：50分×2)	10	21
2年	2	1学期 2学期 3学期	○キンダーガーデン幼稚園児との交流 ○東伯町社会福祉センター利用者との交流＆赤碕町高齢者運動会支援 ○東伯町内保育園児との交流	4 7 4	8 14 8
3年	2	1学期 2学期 3学期	○赤碕町内保育園児との交流 ○保育園児と高校生のわくわくドキドキ運動会（企画と運営の実際） ○特養百寿苑利用者との交流	8 1 5	16 4 10

付表2-3　赤碕高校最後の卒業生3年間の学習内容「健康スポーツコース」（2002～04年度）

	学習の主な内容
1年3組 (02年度)	(1)性格検査 (2)気づきの体験学習「ホスピタリティ、人の話をきく、励ましの手紙など」 (3)園児との交流と準備 (4)コミュニケーション・ゲーム
2年3組 (03年度)	(1)コミュニケーション・ゲーム (2)保育園児や幼稚園児との交流と準備 (3)みんなで子育て (4)東伯町社会福祉センター利用者との交流 (5)米子市成実公民館のみなさんとの交流 (6)気づきの体験学習「ホスピタリティ、挨拶を学ぶ、励ましの手紙など」
3年3組 (04年度)	(1)保育園児との交流準備と交流 (2)気づきの体験学習「思いやりを学ぶ、励ましの手紙など」 (3)保育園児と高校生のわくわくドキドキ運動会「企画運営の実際」 (4)特養百寿苑利用者との交流と準備 (5)性格検査

第3章
鳥取大学医学部での
ヒューマン・
コミュニケーション授業

1
鳥取大学医学部での実践

1——退学を思いとどまらせた乳幼児との交流

　高倉裕征くんは、2005年4月鳥取大学医学部医学科に入学した。しかし、入学直後の彼は、私の「ヒューマン・コミュニケーション1」の授業にも、他の授業にも出席しなかった。それは、センター試験に失敗して第一志望の大学医学部に合格できなかったからで、鳥取大学を退学して、第一志望校を再受験しようと思い悩んでいたのだ。

　そんな彼に、「何がなんでも高塚の授業を一度でも受けてほしい。担当の高塚がぜひ話したいことがある」と大学側から伝えてもらった。以来、彼は保育園の園児との交流授業をきっかけにして退学を思いとどまり、現在、2年次生となって、本学で学んでいる（表3-1参照）。

2——保育園や高齢者施設への働きかけ

　ヒューマン・コミュニケーション授業は、自分と向き合い、自分を見つめ、自分の生き方や、ふだんの人間関係を見直す「気づきの体験学習」と「乳幼児や高齢者との交流」が核になっている。そのため、授業を実践するには、大学

表3-1　高倉裕征くんの手記

> 　僕が医学部を志望した理由は、高校入学してすぐ（高1の6月）に突発性血小板減少紫斑病という病気で入院した際、様々なお医者さんと直に出会い治療して頂き、この職業の魅力に惹きつけられていったのが一番大きな理由です。医学科にいる方の多くがそうである様に、僕が今在学している鳥取大学は、元々第一志望大学ではありませんでした。
> 　大学が始まり3日後には、周りの人々や環境がそれまで自分の中に作っていた医学部に対するイメージとかけ離れており、すぐに退学を考え荷造りをし、両親と話し合いました。もうこの大学とはお別れだなという感情を抱きつつ、最後に少し大学の授業を覗いてみるかと出席したのが、高塚人志先生の「ヒューマン・コミュニケーション1」の授業でした。
> 　この授業は大変画期的な授業で、始めの3回程は学生同士でコミュニケーション能力を高めあい、その後保育園の乳幼児と交流するというものでした。全国的にも初の試みということもあり、興味深くなり少しの間この授業に出席しました。
> 　担当した保育園児F・Y君は、発育遅滞の園児で、正直に申し上げると最初は接するのに大変戸惑う場面がありました。僕の話す事を聞いてくれないし、周りの子と余り関わりたがりませんでした。しかし、F・Y君と一緒にままごとやかくれんぼをしている内に、彼は少しですが、次第に話を聞いてくれる様になりました。
> 　何回目だったでしょうか。保育園を訪れるとすぐ、今までほとんど会話のやり取りをしたことのない関係だったのに「お兄しゃん！　お兄しゃん！」と僕に向かって駆けつけて来てくれました。いろいろコミュニケーションを試みた結果、やっと僕の存在に気づいてくれた気がして実に嬉しかったです。
> 　ずっとやめようと思っていた大学ですが、この授業を通じて、F・Y君の担当をして責任感が目覚め、「この鳥取大学でやって行こう！」と考え始めました。最後の週には、園児達がそれぞれ担当した者に「ありがとう」と書いた色紙とペアの写真をくれて、とても心に染みる思いでした。
> 　人と人の繋がりを再確認できる『ヒューマン・コミュニケーション・高塚メソッド』を全国的に広め、医学生だけでなく更に多くの人々に実践して頂ければ良いな、と切に思います。

のキャンパスから飛び出して継続的に学生を受け入れてくれる施設が必要だ。つまり、これは地域の方たちのお世話にならないとできない授業なのだ。

(1)保育園での交流(1年次生)

　医学部医学科1年次生は、湖山キャンパスで学んでいる。そのキャンパスにできるだけ近いところで乳幼児との交流ができるところはないかと当たって

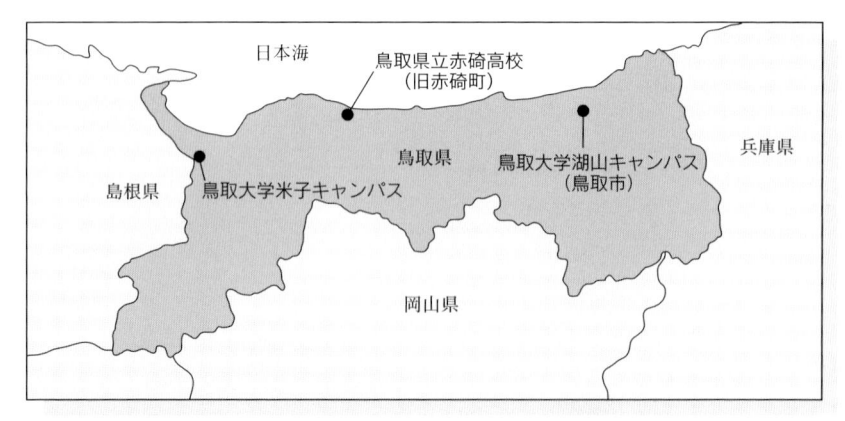

図 3-1　約 100km 離れた湖山キャンパスと米子キャンパス

みたが、候補先からは「交流は受け入れられない」との返事だった。それまで9年間、高校現場で乳幼児や高齢者との交流を実践してきて断られたことは一度もなかっただけに、ショックだった。断られた理由は、「多忙だ」「他にもいくつか交流などを受け入れている」「人数が多すぎる」などであった。

暗礁に乗り上げたように見えたが、湖山キャンパスから自転車で15分ほどのところに松保保育園というところがあると聞き、私は、副学長と大学関係者とで保育園の理事長に会いに出かけた。その理事長は、私が高校現場で9年間実践してきたことはご存知だったが、「乳幼児や保護者、保育士、保育園、地域にどのようなメリットがあるのか？」と尋ねられた。当然のことだと思った。保育園は決して、小学校や中学校、高校、大学に学ぶ生徒や学生のための心のリハビリテーション施設ではないからだ。お互いにとってどのようなメリットがあるのかを話し、交流を受け入れていただいた。

2005年度は、医学科1年次生75名が、前期・後期各10週間、40名前後でそれぞれお世話になったが、幼児や保護者、保育士、保育園にとっても、メリットのある交流授業となり、2006年度からは、医学科1年次生75名が1年間を通じて松保保育園にお世話になることになった。一つの保育園に75名の学生が入り、1年間（20週）にわたって1対1で乳幼児と関わりをもつ取り組みをする大学は全国でも初めてのことだ。

また、湖山キャンパスで学んだ学生は、2年次生になると、約100 km離れ

[1] 鳥取大学医学部での実践　第3章

第7号　「ヒューマン・コミュニケーション1」授業記録　2006.5.25
松保保育園・乳幼児との交流　第3回目（5月23日）実習レポートから

【鳥取大学医学部　医学科1年次生　ヒューマン・コミュニケーションⅠ】
○コミュニケーション能力を高める「気づきの体験学習」
○乳幼児との交流

コミュニケーション力を高める「気づきの体験学習」を通して、ひたすら自分と向き合い、自分を見つめ、今の自分自身の人間関係を見直し、どのような人間関係を作っていくのかを考える場をもってきたため、さらに、授業で気づき学んだことを、保育園児との交流の中で体験的に理解する学習が5月9日からスタートした。また、保育園児への年齢を超えた人間関係の存在を感じさせる場としての意義も大きいものと考えられる。

パートナー（園児）との交流では、パートナーがどうしたら喜んでくれるかを真剣に考えながら接することが求められる。心のこもった交流をすることで、園児達は「うれしい」という満足感を抱く。一方、学生達は、園児から喜ばれたり、大切にされることで「役立ち感」を実感し、「自己肯定感」が芽生えることとなり、安心感と充実感で気持ちが一杯になる。
自分を好きになり、「生きていてうれしい」という気持ちを実感することで、学生達に大きな自信が生まれ、より意欲的な生活を営むようになり、仲間（同級生）にも温かいまなざしを向けることができるようにもなる。こうした連鎖ができてくると、コミュニケーションはさらによくなり、人間関係は膨らんでいく。

子どもは苦手と思っていたが、今は子どもが可愛くてたまらないと思い始めた。

回を追うごとに関係が悪くなっていって落ち込むばかりだ。保育士の先生にべったりで、とうとう泣かれてしまった。だんだん拒絶されるのにもなれてそれにまた切なくなった。どうすればいいのやら。2週間のブランクで一度リセットして又新しい気持ちでパートナーと関われたらいいと思った。（女子）

もともと人と付き合いが苦手だったせいかたぶん戸惑っていただけだったのだが、今日の交流を通してコミュニケーションの難しさをあらためて認識した。（男子）

僕の気持ちをパートナーの園児は感じることはできるが、自分の好き嫌いもはっきり示す。心から接してあげることが大切なのだと思った。また、保育士さんから表情が硬いので鏡で笑顔を作る練習をしたらよいと言われた。納得だった。自分が笑うと園児も笑ってくれるはずだ。（男子）

保育士の先生方が私のパートナーを笑わせているのを見て、どんなところがポイントなのかなぁと見てみたところ、先生方はパートナーの顔の正面から見て目をしっかりと見つめて笑顔で話しかけていることに気づいた。実践してみると効果覿面だった。笑顔が本当に可愛くてうれしくなった。（男子）

パートナーと関わっていて自分はしっかりと接しきれていないということに気づいた。いつも自分からパートナーに対して一歩踏み出して接していたんじゃないかとも思う。すぐに自分からも心を開いていくことができないから少しずつやっていきたい。周りの医学科の仲間は、それぞれパートナーと楽しく遊ぼうとか自分の方から積極的に歩み寄っていることに気づいた（男子）。

赤ちゃんが寝てからも何か異常があるかも知れないな…と不安になり何回も呼吸などを確認した。親が我が子を心配する気持ちが少しわかった（女子）。

今回驚いたのは、1回目から大泣きされていた男子のパートナーの赤ちゃんが、うれしそうにその男子と手を取り手遊びなどしていた。もちろん、思い出したかのように泣き出してしまったが、その時も男子学生が上手にあやしていた。赤ちゃんが慣れてきたせいもあるだろうが、一番の原因はその男子学生の関わり方だと思った。泣き止ますために赤ちゃんと同じ目線で行動できるようになったからだ。赤ちゃんが楽しんでくれるようにと一生懸命になって、歌を歌ったり、手遊びに感動した。きっとよいお兄ちゃんなる。何もない関係からも相手のことを思いやることで、いくらでもそこにある壁を壊すことができるのだと実感した（女子）。

うまくいかない。泣かれるし食べてくれない。交流もだんだん面倒になってくる。それではいけないと思うが思わずにいられない。パートナーが自分より保育士さんになつく。あまりきてくれないことが悔しいと思う。子どもは人の心に敏感だからなつかれないのは当然だと認めることのできない自分がいる。もっと素直にならないといけない（女子）。

文責：鳥取大学医学部助教授　高塚人志

第10号　「ヒューマン・コミュニケーション1」授業記録　2006.6.23
松保保育園・乳幼児との交流　第6回目（6月19日）実習レポートから

【鳥取大学医学部　医学科1年次生　ヒューマン・コミュニケーションⅠ】
○コミュニケーション能力を高める「気づきの体験学習」
○乳幼児との交流

コミュニケーション力を高める「気づきの体験学習」を通して、ひたすら自分と向き合い、自分を見つめ、今の自分自身の人間関係を見直し、どのような人間関係を作っていくのかを考える場をもってきたため、さらに、授業で気づき学んだことを、保育園児との交流の中で体験的に理解する学習が5月9日からスタートした。また、保育園児への年齢を超えた人間関係の存在を感じさせる場としての意義も大きいものと考えられる。

パートナー（園児）との交流では、パートナーがどうしたら喜んでくれるかを真剣に考えながら接することが求められる。心のこもった交流をすることで、園児達は「うれしい」という満足感を抱く。一方、学生達は、園児から喜ばれたり、大切にされることで「役立ち感」を実感し、「自己肯定感」が芽生えることとなり、安心感と充実感で気持ちが一杯になる。自分を好きになり、「生きていてうれしい」という気持ちを実感することで、学生達に大きな自信が生まれ、より意欲的な生活を営むようになり、仲間（同級生）にも温かいまなざしを向けることができるようにもなる。こうした連鎖ができてくると、コミュニケーションはさらによくなり、人間関係は膨らんでいく。

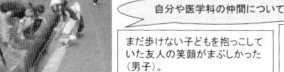

保育園に行くのが憂鬱だったが、いつのまにか関わり方が変わって園児達と楽しんでいる自分がいた（女子）。

《自分や医学科の仲間について》

まだ歩けない子どもを抱っこしていた友人の笑顔がまぶしかった（男子）。

みんなパートナーと仲良くなりやすい。パートナーがなついてくれない人も一生懸命頑張っていた。私ももっと頑張らなくては（女子）。

今回もいやな顔を見て泣かれてしまったので、かなり個人的にダメージを受けた。でも、屋内で遊ぶこと慣れられず泣かれるんだ。どうやら、熱いので外で遊ぶのは無理なようだが、いつもバラ園に出かけていたのを屋内で見て泣くのも無理のない気がした。これから一つ一つ相手のことをわかっていけるのは成長だと思う（男子）。

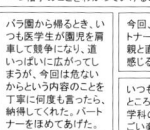

バラ園は病気のため入院し欠席だった。保育資産にパートナーの母親を紹介してもらいいろいろと話した。パートナーの母親と直接話をしたことでいつのうちを預かっている責任感をあらためて感じることができた（男子）。

いつも余り表情の変わらないところをみたことのある医学科の仲間が、室内でいごくいい笑顔で園児としゃいでいるのをみて、本当に嬉しくなった（女子）。

前回までは、保育園の先生におんぶひも抱っこされていてほとんど降りてくれなかったけれど、今回は最初から下におりてくれて一緒に歩いてくれた。まだ、手はつないでくれないが徐々に心を開いてもらうしかないので、とりあえず一緒にいるということを続けてけるだけだ思う。自分たちできまず初対面の人と友達になるのには長い時間一緒に生活することが必要なので、2歳児をみるにかかるだろうと思うので、我慢強く継続することが大切だと思った（男子）。

関わり方に慣れてきた。保育士の方と比べると今一歩しか開いてないのだろうなと思える。保育士の方はそういう点でも参考になる（男子）。

子どもの無邪気な表情は私たちを癒してくれる。医学科の仲間がふだんの大学生活の中で見せる表情よりも、この授業での表情は生き生きしている気がします（女子）。

園児の名前を何度も呼んだ。前回の交流よりも格段の積極的な自分がいた。園児が笑顔を見せてくれるとすごくうれしくなる。もっと積極的に園児に話しかけていこうと思う（男子）。

文責：鳥取大学医学部助教授　高塚人志

図3-2　毎回発行した「授業記録」通信

写真3-1　医学科2年次には高齢者施設利用者との交流が始まる

た米子キャンパスに移動してさらにヒューマン・コミュニケーション授業を継続して受講することになる（図3-1）。

(2)高齢者施設での交流（2年次生）

2年次生では、2006年度からは高齢者施設と乳幼児との交流が5週ずつ組まれている。そして、2007年度からは高齢者施設一本にして8週から10週の授業を計画している。1年次生は乳幼児との関わりで、いのちにふれ、いのちの誕生から成長、いのちへの畏敬、親への感謝などとともに、2年次生では、老いと死などに向き合うことになる。

高齢者施設も米子キャンパスのそばにはなく、湖山キャンパスのときと同様に学生は、自転車で15分前後の場所にでかけることになる。高齢者施設でも保育園と同様に、施設の利用者や担当者などから見てもメリットとなることがないといけないので、何度も施設を訪問しては、取り組みのねらいや、利用者や施設担当者などにもメリットのあることを説明しては理解を求めた。こうして、2006年度は、米子市内にある「社会福祉法人こうほうえん」の4ヶ所の施設（アザレアコートこうほうえん、グループホームかみごとう、ケアハウスよなご幸朋苑、介護老人福祉施設よなご幸朋苑）で73名の医学科2年次生が交流実習を行っている。

2
鳥取大学医学部の人間性・人間関係教育

1——患者の心に寄り添える医師を目指して

①シラバス

　医師は、患者だけでなく、その家族や医療スタッフなど、多数の人とコミュニケーションをとらなければならない。そして、多くのトラブルの原因の一つとして、人間関係やコミュニケーションに関わることが挙げられる。

　相手を思いやる、相手の心を察し、相手の心に寄り添い、相手の話に耳を傾けるなど、本来は小・中・高校までの間に身につけるべきものだが、私が赤碕高校で実践してきたような取り組みを体験した学生はほとんどいない。現に医学科の学生や一般学生で、私の授業を受講して「目から鱗が落ちる思いだ」と口にする者もいる。そして、「中学や高校の頃にこんな授業を体験していたら、人生が変わっていたかもしれない」とまで口にする。

　医学科1年次生の「ヒューマン・コミュニケーション1」（前期・後期各2単位）は必修で、1年間継続して75名が受講している。この授業は、大きくは以下のような考えにもとづいて行っている。
①人間関係が希薄な現代にあっては、意図的に乳幼児から大学生まで年齢を超えた人間関係づくりやコミュニケーション（お互いの考えや気持ちを理解し

表3-2　1年次生の「ヒューマン・コミュニケーション授業」の授業目標

> ○人と人とが確かな絆で結びつくことが求められている時代に、さまざまなテーマの「気づき（アウェアネス）の体験学習」で、自分と向き合い自分を見つめ、今の自分自身の人間関係を見直し、どのような人間関係をつくっていくのかを考える場とする。
> ○授業で気づき学んだことを保育園児（乳幼児）との継続的な交流のなかで体験的に理解し、豊かな人間性を身につけるために、適切な礼儀やマナーを身につけ、良好な人間関係を構築するのに大切なホスピタリティ・マインド（思いやりの心）への気づきや自己肯定感、コミュニケーション能力を育む一助とする。
> ○人と関わるには、相手の心の在り様を想像し、相手の心に添った行動をすることが大切である。パートナーの園児との交流実習ではコミュニケーションの在り方や人間関係の構築法について考えながら接することができるようにする。
> ○自分を好きになり「生きていてうれしい」という気持ちを実感することで、大きな自信が生まれ、より意欲的な生活を営んだり、仲間（同級生）にも温かいまなざしが向けられるようになる。
> ○人間力としてのコミュニケーション力や実践力（実行力、リーダーシップ、経験力）、気力、自己肯定感、仲間への再認識を育むことで、患者や同僚に温かいまなざしで関わり、患者本位の全人的医療が実現できる医師となるための一助とする。

合うこと）を体験する場が必要となっている。

②本学では「知と実践の融合」を教育理念にかかげ、現代的課題である「学力低下」と「人間力不足」を解決するために、基礎学力と人間力向上を重点とした教育を実践している。人間力向上プログラムでは、知力に加えて気力、体力、実践力、そして、コミュニケーション力を総合した力を「人間力」としてとらえ、これをもって何事にも果敢に挑戦できる学生を育成することをねらいとしている。

③本大学医学部は、参加型臨床実習、チュートリアル教育など、鳥取大学の教育理念である「人間力向上」に向けた「気づき（アウェアネス）」の教育を行っているが、この「ヒューマン・コミュニケーション」授業（医学科1・2年次生）もその一つである。

　この趣旨に則り、医学科1年次生の「ヒューマン・コミュニケーション授業」では表3-2のような目標を掲げた。

②**授業計画**

　さて、医学科1年次生の授業内容や指導案は、章末の付表3-1～3-3およ

び以下に示す通りだが、いざ授業を実践するとなるとたいへんであった。これは、学生に「私たちは頭がよい」「コミュニケーション力はすでに身についている」「なぜ、大学生になってコミュニケーション授業を受講しないといけないのか」という疑問やとまどいがあったからで、そのため、彼らの心を大きく揺さぶるプログラムを提供し続けなければならなかった。

上記のような考えをもつ学生に対して、どのような「気づきの体験学習」の演習を提供したのか、また、乳幼児との継続的交流にどうつなげていったのか、以下に、基礎編と実践編に分けて紹介する

2── 人間関係を学ぶ（基礎編）

豊かな人間性を身につけるために、自然なからだのふれあいを通して、安心感や他人に対する親近感を育んだり、ひたすら自分と向き合い、自分を見つめ、今の自分自身の人間関係を見直し、良好な人間関係を構築するのに必要な基本的態度を理解する。

①**行動目標**
○挨拶や自己紹介ができる。
○相手の話に積極的に耳を傾け、相手の考えや気持ちを受けとめることができる。
○自分の気持ちや考えを相手に伝えることができる。
○仲間に対して強い関心をもち、ともに喜び合ったり、励ますことができる。

②**学習方法**
■コミュニケーション・ワーク（アイスウォーム）（演習）
心とからだの解放感を実感するために、簡単なふれあい動作を通して、躊躇なく他人と関わったり、他人に対して心を開いたりする役割を果たす。
■「**気づきの体験学習**」（演習）
私たちは、日常生活でさまざまな体験をして、そのなかからいろいろなことを学び人間的に成長する。この体験の場を意図的に設け、頭で理解するだけで

なく、体験を通して、自分のあり方や人との関わり方など対人関係の問題について、気づき、学ぶのが「気づき（アウェアネス）の体験学習」である。

これは、生き生きとした人間関係を求めて、①相手の気持ちの理解、②ホスピタリティ、③思いやりを学ぶ、④自分を知る、⑤聴くことの大切さ、⑥相手の立場に立って行動する、⑦死生観・これからの私など、さまざまな演習を行い、まず体験をして、体験で起きたことを自分で見つめる。そして、「どうしてそうなったか？」、「次にどうしたらいいか？」と自分に問いかけ、考える。何かがわかると、次に同じような生活場面に出会ったとき、そのわかったことを「試す」ことになる。

このように、気づきによって自らが行動変容していけるように支援する学習を学生に体験させる。

　1年次生……30週のなかの10週間（前期・後期、2時限／週）
　2年次生……14週のなかの4〜6週間（前期、2時限／週）

3── 人間関係を学ぶ（実践編）

豊かな人間性を身につけるために、適切な礼儀やマナーを身につけ、良好な人間関係を構築するのに必要なコミュニケーション能力を習得したり、ホスピタリティ・マインド（思いやりの心）への気づきや「役立ち感」を実感し、自己肯定感の芽を育む。

①行動目標
○相手と目線を合わせ、温かいまなざしで応対することができる。
○相手の表情や行動から相手の気持ちを汲み取ることができる。
○相手の気持ちや考えを受けとめたうえで、行動することができる。
○自分や仲間の長所を素直に認めることができる。

②学習方法
■乳幼児や高齢者との継続的な交流実習
　基礎編の授業で気づき、学んだことを、乳幼児や高齢者との継続的な交流の

写真 3-2 常に相手のことを考えながら粘り強く関わっていく

なかで身をもって試し、体験的により理解することを目標とする。交流は、継続して行われ、1対1で交流するパートナーの表情や言動から気持ちを汲み取り、どうしたらよりよい人間関係を築くことができるかを考え、自ら目標を立てて行動する。

○ 1 年次生……乳幼児との交流は 30 週のうちの 20 週間
　　　　　　　（前期・後期、2 時限／週）
○ 2 年次生……高齢者施設利用者との交流は 14 週のうちの 8～10 週間予定
　　　　　　　（前期、2 時限／週）

　2006 年度医学部医学科 1 年次生の「前期授業計画」は、章末の付表 3-1 の通りである。この授業計画は、ほとんどが見知らぬ者どうしの 1 年生が初めて行う授業であることを前提に組んだ。

4──期待される効果

■期待される学生にとってのメリット
○基本的なマナーの習得する。
○ホスピタリティ・マインド（思いやりの心）に気づく。

写真 3-3　人とのふれあいによって役立ち感を実感し、自己肯定感が育まれる

○役立ち感を実感し、自己肯定感の芽を育む。
○コミュニケーション能力を高める。
○仲間との信頼関係を構築する。
○赤ちゃんの存在を身近に捉え、将来の育児・出産に対する肯定的理解を得る（親になるための学び、虐待予防、少子化対策）。

■期待される交流先にとってのメリット
〈乳幼児〉
○安心感や信頼感を形成する。
○想像力や自発性などの基盤づくりに大切な体験をする。
○自分の将来を描く際の具体的なモデルと接する。
〈保護者〉
○子どもと学生の関わりから新たな気づきを得る。
〈保育園・保育士〉
○学生の姿や距離を置いて園児を観察することによって気づきを得る。
○園児たちの活動に広がりができる。

3 始まった「ヒューマン・コミュニケーション1」授業

　医学科1年次生が学ぶ「ヒューマン・コミュニケーション1」の授業の導入として、自分と向き合い、自分を見つめ、自分の生き方やふだんの人間関係を見直すために行った演習「気づきの体験学習」について紹介する（演習の詳細については、本章の「[5] 気づきの体験学習」も参照のこと）。

1──学内での授業

　厳しい受験競争に勝ち抜いてきた医学科の学生は、鳥取県外出身者も多く、彼らは学業だけでなく、見知らぬ土地で不安やとまどいを感じている。そのなかで、2005年の医学科1年次生の「ヒューマン・コミュニケーション授業」のようすについて、私のつぶやきと授業後に提出させている学生Nくんの「学習記録」とともに紹介する。

■1回目の授業──2005年4月12日

　4月上旬とはいえ肌寒く今にも泣き出しそうな曇り空のなかを、私は湖山キャンパスに向けて車を走らせる。今日は、医学科の1年生の初めての授業日だ。講義室に入るとすでに席に腰を下ろしている学生もいる。「おはようご

写真3-4　自分にとってのホスピタリティについて学ぶ「気づきの体験実習」

ざいます」と挨拶を届けても、緊張しているのか学生たちから元気な挨拶が返ってこない。テレビ局や新聞社の担当者の姿もある。授業を開始する。たまたま、井藤医学部長が授業に立ち寄られたので挨拶をしていただく。

　記念すべき湖山キャンパスでの最初の授業がいよいよスタートした。授業参加者は二人組になって、それぞれがアイスビルドの演習を体験する。人がお互い関わりをもつときに、心を開いて関わることが大切だと言われるが、それをよりよく理解するためにあえて電車やエレベーターのなかなどで自分がとる態度を体験することで、心を開くということがどういうことかを体験として気づこうというものだ。二人組になって向き合いながら「笑わない」「相手をなめまわす」「しゃべらない」という状況をある一定時間体験する。学生たちから「えっ！」というようなとまどいの声も聞かれた。たかが30秒間の体験学習だが、気づくことは多い。

　次は四人組になり、各自がシートに「自分にとって本当の体験」を一つと「うその体験」を二つ書き入れる作業をする。そして、一人ずつ順番にすべてが本当の体験のように他のメンバーに話した後、他のメンバーが「本当の体験」を探し当てるというもの。どのグループも和気藹々とこの課題に取り組んでいる。最後は全員が輪になってプレゼント・フォー・ユー。一人ひとりが授業の感想を述べ、隣の人に言葉をプレゼントする。

「こんな授業がある鳥取大学はすごい」「短時間で友達ができた」など、大学での最初の授業の滑り出しはまずまず。彼らの不安な心が期待感に変わる手応えを感じた半日だった。

●Nくんの学習記録●
　まず、時間割を見たとき、「ヒューマン・コミュニケーション授業1」が、2限連続（3時間）であることを知り、そんな長い時間、いったい何をするのだろうかという疑問とそんな長い授業についていけるのだろうかという不安を感じながら授業に臨んだが、そんな不安とは裏腹に非常におもしろい講義と演習が行われ、あっという間に時間が過ぎてしまった。
　最初にアイスビルドを体験したときは、エレベーターなどでよく体験する何ともいえない雰囲気が再現され、やはり人は互いに支え合って生きていくのが大切だと思った。今日の授業を受講して、もっと自分という人間が大きくなっていくべきだと感じた。また、医師を目指すものとして、この授業に積極的に参加して自分のコミュニケーション能力を磨きたい。

■2回目の授業──2005年4月19日

　全員起立して挨拶を交わす。授業内容について話をし、早速開始する。今日の「気づきの体験学習」の一つは「相手の気持ちを理解する」という体験学習だ。四人のグループでとっておきの「自分の体験談」を「ねえ、ねえ、聴いて、聴いて！　私ね……」と他のメンバーに話す。人に話すときに、どうしたら「聴き手」が聴きやすいか、逆に、「聴き手」がどうしたら「話し手」が話しやすいかを言葉で教え込むのでなく、自分で気づいていく体験学習だ。

　「話し手」は2分間、今までの人生の感動体験を話すのだが、私の「話し手は2分間しゃべるんだよ」の言葉に、「えっ、2分も！」の声。でも心配する必要はない。一人終わるたびにコメント（小講義）を挟みながらやると、なぜか「話し手」が気持ちよく時間を気にせずしゃべっている。表情も明るい。「聴き手」の仲間がしっかり受けとめてくれているという安心感が実感できるからなのだろう。

　もう一つは、自分がこれまで生きてきて「大切にされている」「必要とされている」と感じたことを三つ、人生を振り返り整理して書き上げる。そして、みんなの前で発表する。先ほどの学習を生かしての取り組みだが、照れなどは隠しきれないものの、一人ひとりの人生ドラマに私は聴き入った。「話し手」は、

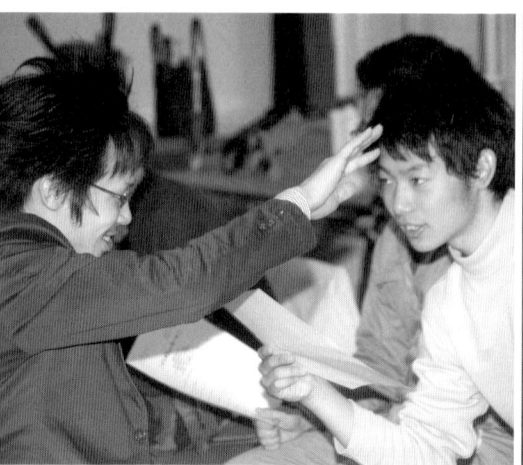

写真３５　聴くことの大切さを学ぶ「気づきの体験実習」

聴く側の学生がなんとか心を開いて「話し手」を受け入れようとしている姿に、少しは安心感を感じていたのではないだろうか。人は、自分を肯定的に認めてもらったとき、自分が大切にされていると感じる。人は自尊感情なくして生きていけないのだ。

●Nくんの学習記録●
　今日の授業で一番印象に残ったのは、先生が言われた「自分を肯定できないのに、他の人を肯定できるのかい？」という言葉だ。その言葉は僕の心に重くのしかかった。僕は心から自分が好きではありません。だから、先生の言葉はかなりの衝撃でした。なにせ、医師を志すものが、「君は医師には向いていない」と言われたようなものですから。でも僕はあきらめません。僕はそのために授業があると信じているし、この授業を通して自分は変わっていけると信じているからです。

■3回目の授業──2005年4月26日

　六人のグループに分かれて、「思いやりを学ぶ」というグループ演習（図形づくりにチャレンジ）に入る。観察者を一人決め、他のメンバー五人は課題解決に向かうプレーヤーとなる。各プレーヤーにバラバラになった紙片が入っている封書を配布する。それを他の人と無言で関わるなどのいくつかのルールのもとに、全員が同じ形・同じ大きさの図形を完成させる（写真3-6）。

　学生は楽しみながら課題に向かっている。課題を解決するには、完成させた

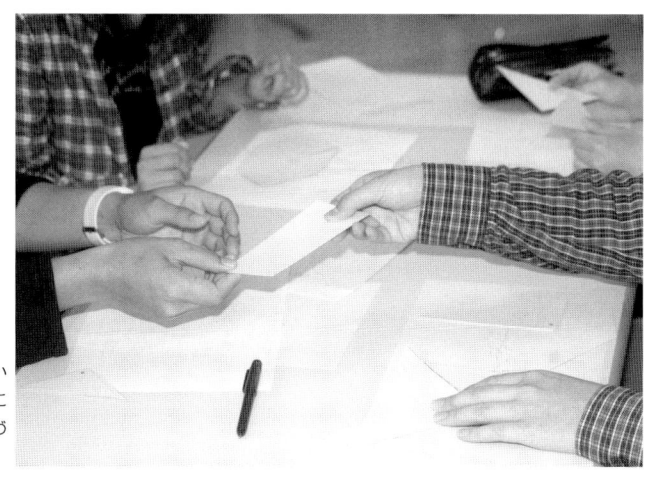

写真3-6 相手を思いやって図形づくりにチャレンジする「気づきの体験学習」

　図形をいったん崩し、他の人が必要とする紙片を渡さないと全員の図形が完成しないことに多くの学生が気づいていく。自分の図形が完成したことで安心してしまう学生は、「自分さえよければいい」と考えていたことに気づき愕然とする。多くの学生は、協力することの大切さは知っているが、知っていることと本当にわかっていることは別であることを身をもって体験する。それがこの「気づきの体験学習」だ。

　これは、いろいろな課題をこなしながら、自分自身の真の姿に気づくようにしくまれていて、しかも楽しみながらできるという体験学習である。このような体験を通して、人との関わり方が学べる「気づきの体験学習」の奥深さに感動する者は少なくない。

　後半は、5月17日から始まる保育園児との交流に向けて、パートナーを決定した。そして、園児に向けてラブレターを書いた（図3-3）。まだ見ぬ恋人に気持ちを寄せながら、イラストを入れたりして「園児へのメッセージ」を書き綴る。「心を込めて、ていねいに」と私は言葉を添える。完成した仲間のメッセージを読んだ学生は、「うまいなあ」と仲間のよさを再認識している。

　授業後、早速、そのメッセージを保育園に届ける。保育士はそのメッセージのできばえに感心され、「園児だけでなく保護者の方が喜ばれるね」の声。どんなドラマが展開するか楽しみだ。

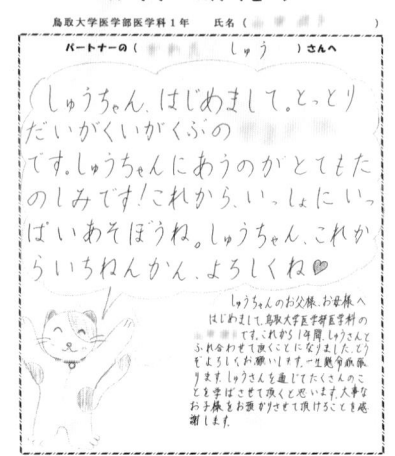

図3-3　学生がそれぞれのパートナーとなった園児へ綴ったラブレター

●Nくんの学習記録●
　言葉のコミュニケーションを遮断して、数人のグループで同じ図形をつくる体験学習をした。先生が指摘されたように、自分の作業ができてしまったということで、どこか安心してしまったところがあった。もう少し、他者に心を配り、周りを見て行動しないといけないと思った。
　今日ついに保育園での交流するパートナーが決まったので実感がわいてきて不安を感じつつも楽しみになってきた。この授業が終わる頃には、他人への気配りができるようになるといいな。

■4回目の授業──2005年5月10日

　今日が「気づきの体験学習」の最終日だ。二人組になり演習を開始する。一人はアイマスクをしているので、目は見えないが、しゃべることはできる（写真3-7）。もう一人は目は見えるものの、しゃべることはできない。その二人が相手の考えや気持ちを理解しながら楽しい散歩にするというものだ（時間は15分間）。
　場所をどこにするかで悩んだが、結局は、教室から飛び出し大学のキャンパ

写真3-7 アイマスクを用いた「気づきの体験学習」

ス内ですることにした。アイマスクをすることで、少しはしゃぎすぎて私から注意を受ける学生もいたが、多くが初めての体験ということもあり気づくことも多かったようだ。

●Nくんの学習記録●
　今日は目隠ししながら二人で散歩をするという体験学習を体験した。自分はアイマスクをして、目が見えないということで完全に相手に依存していたところがあった。それと同様に自分がアイマスクをしている人を誘導するときも、どこかに上から見下ろしている気持ちがあったように思う。そんなところを少しでもなくして、患者さんの心に寄り添える医師にならなければいけないと思った。
　先週の園児に向けてのラブレターに続いて、園児がつけるネームカードやプレゼントを作った。こんな作業をすることで、乳幼児との交流に向けての楽しみが倍増されている気がする。パートナーの園児はどんな子どもで、どんな遊びが好きだろうか。そして、僕とうまくやっていけるだろうかといろいろ考えてしまう。できたら、ラブレターやネームカードを手に取ったとき喜んでいる姿を見たい。

2——保育園での交流

　2005年5月17日(火)、医学科1年次生75名のうち前期39名による保育園の乳幼児との第1回目の交流授業が8時50分から12時まで、鳥取市内にある松保保育園で行われた。

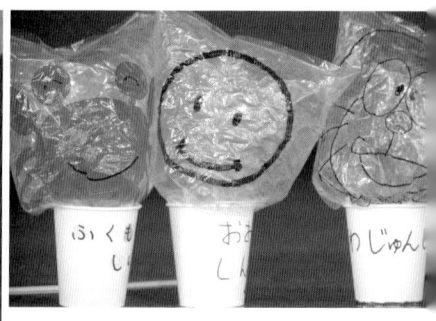

写真 3-8　お別れのときにパートナーに手渡すプレゼントづくり

　その後、約 2 ヶ月間、10 回にわたって行われた私の授業記録を学生 N くんの授業後の「学習記録」とともに紹介する。

■ 1 回目──2005 年 5 月 17 日

　4 月からの「気づきの体験学習」などを終えて、鳥取市内の松保保育園での乳幼児との交流に入った。まさに、気づきの体験学習で気づいたこと、学んだことを乳幼児との継続的な交流からより体験的に理解を深めるというものだ。
　3 歳児と学生は向き合って手遊び。0 歳児も腕に抱かれて気持ちよさそう。ところが、2 歳児担当の学生は人見知りが激しい園児とご対面となった。泣きじゃくって保育士から離れない園児たちに、どうしていいかわからずじっと座り込む学生。なんとか声かけをするけれど、知らん顔をされる。そっとからだにふれようとして手を差し出すと振り払われる者もいる。ときどき、うらやましそうに 3 歳児担当の仲間に目をやる学生。でも、誰も助けてくれない。
　しばらくして、保育士から「園庭に出よう」と声がかかる。泣きじゃくる園児をなんとか保育士から抱かせてもらう学生だが、なかなか心を開いてもらえない。でも、一定の距離を保ちながらあの手この手とあきらめずに向き合おうとする。マスコミ関係者や三重県の高校からの視察の先生方などもどのようにこれから関係をつくっていくかとじっと見守っている。

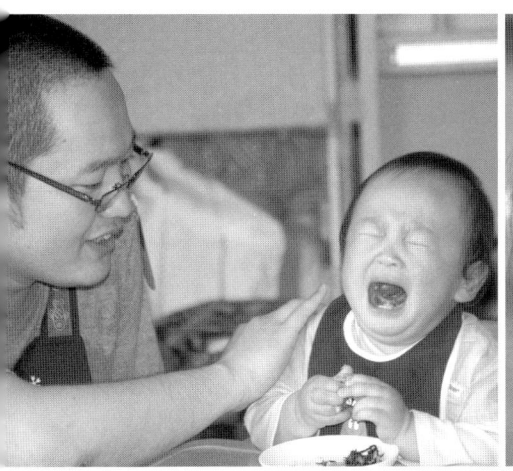

写真3-9　泣きじゃくる園児にとまどいながらも、粘り強く向き合う

　どれほど時間がたっただろうか。2歳児担当の多くがなんとか園児と向き合えるようになっていた。マスコミ関係者や保育士、高校の先生たちは異口同音に「すごいね」「やるね」と。しかし、1組だけうまくいっていないところがある。どうしても男子学生に飛び込んでいけない女の子がいる。その学生の表情は、見るからに辛そうだ。このままで終わってしまうと彼の心は来週までの1週間、とても辛いものになるだろう。

　少しでも関係がつくれればいいなと思いながら見守っていたが、お昼になり、お別れの時間がきてしまった。学生は各自が荷物を整理して玄関前に集合した。そのときだ。保育士が、その学生の名前を呼んだ。なんと、泣きじゃくっていてその学生に心を開かなかった女の子が「サヨナラ」をするというのだ。すぐさま、その彼に声をかけ、女の子のところに行く。そこには、保育士と女の子が彼を待っていた。彼はそれを見るや、人目もはばからず涙を流した。しばらく涙が止まらなかった。彼の背中に手を当てた私も涙が出た。この日の授業では、学生一人ひとりがたくましく思えた。

　彼らのヒューマン・コミュニケーション実習の1回目はこうして終わった。これから7月までどんなドラマが待ち受けているだろうか。一人ひとりが大きく心揺さぶられた1日が終わった。

交流初日、初めて出会う大学生さんに、子どもたちがどんな反応を見せるのか私たち保育士も、ドキドキしていました。…〈中略〉…

そんな中、3才児のMちゃんは、どうしても保育士から離れようとせず、おにいさんがそばに近づくだけで泣き叫び、「いやだ！」と拒絶し続けました。

…〈中略〉…2時間という限られた交流の時間も後わずかになった頃、Mちゃんは、園庭の真ん中で泥だんごを作り始めました。つかず離れずMちゃんのそばにいたおにいさんも、なんとか少しずつ距離を縮めようとしている様子がわかります。それを見ておられた高塚先生が、「Mちゃん、おにいちゃんにおだんごひとつあげてよ。」と言われました。

その声を聞いてMちゃんは、そばにいるおにいさんに泥だんごを手渡しました。それも2つも…Mちゃんの「どうぞ！」の声。おにいさんの笑顔。息をのんでその様子を見守っていた私たちも心からホッと安堵したひと時でした。

交流時間も終わり、みんなが別れを惜しむ中、Mちゃんも、保育士に抱っこされながらでしたが、「Kおにいちゃんバイバイ。」とタッチをしてさよならをしました。どんな時も笑顔を絶やさなかったおにいさん。その目から大粒の涙が…しばらく止まることはありませんでした。

…〈中略〉…ただ、"どんな時もあきらめずそっとそばにいてくれる。ずっと笑顔で見守っていてくれる。"そんなKおにいさんのやさしさが、Mちゃんの心を動かしたのは確かです。私たち保育士も、Kおにいさんに教えられた交流保育でした。

どろだんごをつくるMちゃんとおにいさん

どうぞ！

（松保保育園の園便りより）

図3-4　交流初日のようすを伝える保育園の園便り

写真 3-10　園児の歩調に合わせて寄り添う

●Nくんの学習記録●
　子どもが好きなのですぐに園児とうちとけられるだろうと楽観していたが、実際は大苦戦でした。パートナー（2歳児女子）は、ずっと保育士さんにくっついていて、僕がいくらパートナーの名前を呼んでも振り向いてくれず、泣くばかりだったので、かなり無力感を感じた。しかし、なかなか、自分に心を開いてくれない子どもと接していると、将来、医師になったとき同じようなことは多々あるだろうと思え、逆に一層やる気が出てきた。

■ 2回目── 2005年5月24日

　朝、5時半。いつものように目を覚ます。妻に「天候は？」と聴くと、「お父さん、小雨が降っているよ」と言う。「今日は松保保育園で乳幼児との交流の2回目なんだよね」「2歳児、3歳児はお散歩の予定なんだ。晴れてくれたらいいのにな、大丈夫かなあ」と、妻と会話をしながら大学にでかける準備をする。

　車を走らせながら、因幡の白ウサギで有名な白兎海岸付近に来るといつものことながら車は渋滞に巻き込まれた。結局は8時半に松保保育園に着いたが、1時間20分ほどかかったことになる。車を止めようとすると、すでに一人の女子学生が待っていた。「おはよう、早く来たね。今日はお散歩だよ。青空がのぞくといいね」と挨拶を交わす。

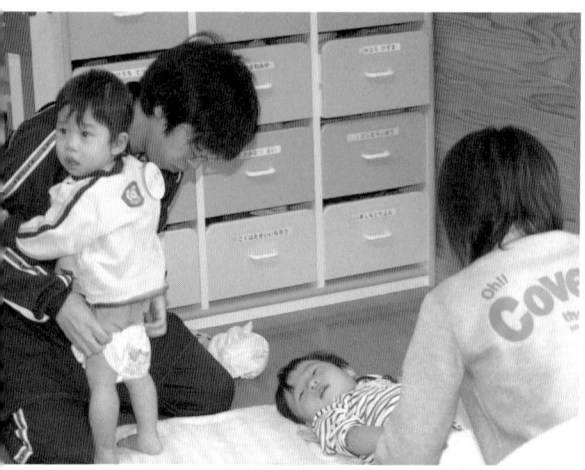

写真3-11　着替えの手伝いのときにも温かいまなざしを忘れずに

　すると、「先生、大丈夫よ。ずっとよい天気になりますようにと昨日から祈っているんだから」と女子学生。「先生、みんなが楽しみにしているのよ。みんなと会うとね、『私のパートナーの園児はね……』といつも園児との交流の話が出てくるの。本当にみんながこの授業を楽しみにしているのよ」と。しばらくすると、他の学生たちも元気に自転車でやって来た。みんな、表情が弾んでいる。

　学生より先に園内に入り園長先生と今日の確認をし、全員集まったところで遊戯室で交流の最終確認をする。私が学生たちに話しかけていると、園児たちが窓越しにのぞき込み、学生たちに手を振っている。お兄さん、お姉さんを待ちきれない園児たちだ。そして、ご対面。3歳児はさっとパートナーのお兄さん、お姉さんのところに走り寄る。

　ところが、人見知りする2歳児は今回もまた泣きじゃくったりして、保育士から離れない。しかし、学生は逃げられない。これからお互いが、どう関係をつくっていくか真剣勝負だ。

　準備ができたら、早速お散歩だ。手をとり、曇り空のなか、少し冷たい風を感じながら歩きはじめる。やさしく耳元で話しかける学生もいれば、園児の話にしっかりと耳を傾ける学生もいる。また、道端の草花に関心をもった園児に寄り添う学生や、朝、私が教えたぴーぴー豆を道端で摘んでは、園児にやって

写真 3-12 交流は仲間の笑顔を見る機会を増やす

みせる学生、園児が歩くたびに常にしゃがみ込んで園児の表情を感じ取ろうとする学生、園児が走れば同じように走って寄り添う学生など、自分のこととして園児の気持ちに寄り添おうとする学生など、彼らの姿は1回目よりは頼もしく見える。このように、この授業はつねにつねに相手のことを考えないと成り立たないのだ。

　散歩から園に帰ると玄関では、きちんと靴を揃えてあがる学生たち。あたりまえのことだがすごい成長ぶりだ。園内ではそれぞれの部屋でコーナー遊びが始まった。園児の表情も自分だけのお兄さん、自分だけのお姉さんで弾んでいる。ただ、前回の関わりがもう一つだった園児と学生は少しだけ前進しているものの、他の園児のようには表情が弾んでいない。その園児の家庭環境が心の扉を固くしているのではないかとのことだった。

　いつも思うことだが、全国で展開されている園児との交流が2～3回で終ってしまうと、このような関係にある学生や園児は、お互いに嫌な体験をしたまま終わってしまうことになる。しかし、赤磐高校や鳥取大学の取り組みは10回以上継続して行うため、決してそんなことはない。0歳児担当は、あやし、寝かせ、おむつの取り替え、食事の支援と、表情などを大切にして、まさにノンバーバルなコミュニケーションだ。

　最後は、一人ひとりの学生が絵本をみきかせる。そして、私のリードでお互

写真3-13 「お口をあーんして……」

い向き合って手と手、おでことおでこ、鼻と鼻、ほっぺとほっぺを合わせて「さようなら」をする。玄関前では「お兄ちゃん、また来てね」「お姉ちゃん、さようなら」の声がいつまでも響いていた。2回目の交流はこうして終わった。

●Nくんの学習記録●
　　正直言って、交流としてはうまくいかなかったが、たくさんのことを学ぶことができた一日だった。ずっと「お母さん」「お母さん」といって園児に泣かれてしまいました。さすがに、無力感を感じ、「なんで？」「なんで？」と自己嫌悪になりそうになった。しかし、それには理由があって、○○ちゃんは風邪で熱があった。幼い子どもは「体調が悪い」などとはあまり訴えないから、大人が気づいてやらないといけない。子どもの様子がおかしいのを自分のせいだとばかり決めつけて、他の可能性を考えないというのは、非常に危険だということを学んだ。

■ 3回目── 2005年5月31日

　パートナーどうしが出会って「カエルの体操」を遊戯室で行う。音楽がかかり担当の保育士さんがポーズをとりながらお手本を見せてくれる。3歳児はカエルのように跳んだりはねたり。それに寄り添う学生。2歳児はもうひとつだ。そして、青空のなか、パートナーと連れ立って近くのバラ園までお散歩だ。

　学生もその歩調に合わせてしゃがみ込む。室内と違って、いろいろなものが目に入り、立ち止まる園児たち。幼い頃自分もこうしていたのかと思いを馳せ

写真 3-14　園児も学生も笑顔、笑顔……。笑顔は人と人との距離を縮めていく

ながら、園児にひたすら寄り添う姿はほほえましい。バラ園は緑いっぱいの芝生。園児たちは、心弾ませあちらこちらを走り回ったり寝転がったり。

　これが、保育士と園児たちだけなら「あっち行ってはだめよ」と活動が制限されるところだが、学生がマンツーマンでついていることで園児たちの活動範囲も大きく広がる。当然、園児たちの心もより大きく膨らみ、表情はより豊かになってくる。

●Nくんの学習記録●
　パートナーは相変わらず泣いている。交流がうまくいっている仲間を本当にうらやましく思った。

■ 4回目──2005年6月7日

　今日は、学生たちが記録している学習記録からいくつかの質問に答えることから授業をスタートした。そのなかには、「○○のときがありますが、どう関わったらいいですか」という質問が少なくない。「パートナーの子どもとの関係をよりよいものにしたい」という思いがあるからこそだと思う。このような質問は、単発の交流からは生まれない。

　青空のなか、近くのバラ園までお散歩。ところがなかなかスムーズに歩いていかない。小川に目を向け足を止めてのぞき込む。ドジョウを見つける。やっ

写真 3-15 肩に背に園児のぬくもりを感じて……

と歩き始めたと思うと、またまた田植えがすんだ田んぼに目を向け足を止める。今度はカエルだ。学生がつかまえて道路上に放すと、園児たちはすぐに群がってきて大はしゃぎとなる。

　バラ園では、芝の上を走り回る。追いかける学生。笑顔がまぶしい。市内の小学校の先生も是非こんな取り組みをしたいと見学においでになった。子どもと学生の関わりを見ていて、「いいですね」「なんかあったかくなりますね」と自然と表情がほころぶ。

　そんななかで、こんなことがあった。いつもはパートナーの学生のところに走り寄る子なのに、この日は登園してからずっとぐずって保育士から離れない。その園児は、結局、この日の交流の間ずっと保育士から離れず、保育士の腕に抱かれっぱなしで寝てしまった。しかし、とまどいながらも、学生は決して嫌な顔一つせず、寝ている園児の手を握ったり背中をさすったり、ずっとやさしく見守っている。そして、大切な声かけも忘れない。

　家庭でどんなことがあったのだろうか。蒸し暑いとき、眠たいときなど、子どもの気持ちやからだに変化はつきものだ。そのなかで、必死になって園児の変化に寄り添い、努力をしている学生の姿が見受けられた。担当の保育士は、そんな学生の子どもに対する強い思いに感動した。

写真 3-16　同じ時間を共有することがお互いの理解を助ける

●Nくんの学習記録●
　今日ははじめから非常によい雰囲気で交流ができた。まず、初めてパートナーの園児が泣かずに僕のところに来てくれたし、散歩では今までにないくらい話すことができた。パートナーの笑顔がとてもすてきで、僕までうれしくなった。やはり、「表情は大切だなあ」と再認識した。うれしくて涙が出そうだった。こんな僕でも受け入れてもらえるんだと強く感じた。

■5回目── 2005年6月14日

　今日で交流も半分。歩きながら、「どうだい交流は？　今日で半分だよ」と学生に声をかけると、「こんなに何回も交流するといろいろ学ぶことが多い」とつぶやく。さて、今日は、園の近くの小川でメダカ取りだ。パートナーと連れ立って田んぼをのぞき込んだり、小川をのぞき込んだりする学生たち。

　「お兄ちゃん！　カエルつかまえて」の声に必死になってパートナーの要望に応えようとする学生。終わりの頃には、ズボンをまくり上げて小川のなかに入って、メダカやザリガニを捕る学生も現れた（写真 3-16）。その姿を 39 名の学生が見ているのだ。つまり、仲間たちの真剣な関わりを目の当たりにすることで、一人ひとりの仲間を再認識しているのだ。これが、医学科の仲間関係をよりよいものにしている。

写真3-17　砂遊びも交流の場に

●Nくんの学習記録●
　先週、よい関わりができた僕は、期待に胸膨らませて今日の交流に臨んだ。しかし、前々回と同じように、保育士さんにくっついて泣いている。正直僕は愕然とした。保育士さんは、○○ちゃんの機嫌が悪いのでと言われるが「自分の力量が足りない」「自分が悪いのだ」と考えてしまう。正直とても悔しい。

■6回目──2005年6月21日
　（省略）

■7回目──2005年6月28日
　今日も梅雨の季節で蒸し暑い朝を迎えた。交流も7回目と後半戦に入った。遊戯室に集まった学生たちを前に先週の授業で感じたこと、保育園からのメッセージ、学習記録に綴った学生たちの声を伝える。先週の授業をふりかえり、今日の大切なポイントは「自分自身がまず、遊びを楽しいと思えること、そして遊び込まないと、子どもたちと楽しい時間を過ごすことができにくいこと」を確認して交流をスタートさせた。
　2歳児、3歳児は、早速、園庭に出てはどろんこ遊び。砂場では、砂をスコップで積み上げながら、「○○ちゃんもお兄ちゃんみたいにスコップを持ってやっ

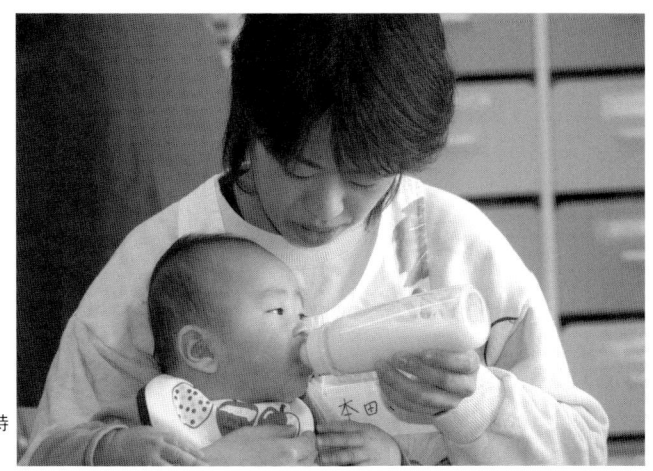

写真3-18 哺乳瓶を持つ姿にも余裕が……

てみようか」「すごい、すごい！」「○○ちゃん、すごいね。大山みたいな大きな山になっていくね」「よいしょ、よいしょ」の声かけが続く。

　周りを見渡すと、園児がペットボトルにコップで色水を入れるのを見守っている学生がいた。その園児は、ベンチの上のバケツに入っている赤や黄色の色水をコップですくって、空のペットボトルに入れようとしているのだ。それこそ、少しずつ少しずつだ。それを見守る学生が「じょうず、じょうず」「いいよ、いいよ」「その調子、その調子」と声かけを忘れない。そばで見守っている私も知らず知らずに、「いいぞ、いいぞ、その調子」と心のなかで叫んでいる。否も応もなく心が弾む。ペットボトルが満杯になると、園児は「○○先生、○○先生」と担任の先生に喜びを伝える。

　そのとき、思いがけないことが起きた。そばにいた他の園児が、色水でいっぱいになったペットボトルを持って行ってしまったのだ。持って行かれた園児は、大粒の涙を流し泣き叫ぶ。その園児のそばにいた学生は、しゃがみ込んで園児を見つめながら、「あれは友達にあげようよ。また新しいのをつくればいいじゃないか。もう泣くなよ」と声をかける。

　保育園からの働きかけもあり、こんな光景を園児の保護者にも見てもらおうと、今日は十数名の保護者が見守っての乳幼児と大学生との交流が昼前まで続いた。保護者はカメラを片手に学生に語りかけたり、わが子にやさしいまなざ

写真 3-19　安心しきった寝顔

しを送ったりの半日となった。

●Nくんの学習記録●
「なんで僕のパートナーはいつも泣いているのだろう？」そんな思いが今日の交流の始め頭をよぎった。でも、今日はそんなことでへこんだりしてはいけない。常に笑顔でパートナーに向かって行かねばならないと思っていたので、そんな思いも跳ね返して交流に入っていった。しかし、パートナーは、はじめから泣いているし、最後まで笑顔は見られなかった。さすがに交流後はへこんだ。何人かの仲間が「大丈夫？　がんばってね」と言葉をかけてくれる。非常にうれしかった。

■8回目──2005年7月5日

　交流も8回目となった。パートナーと糸を紡ぐように、関係をよりよいものにしている学生もいるが、園児との関係がもう一つで、とまどいを隠しきれず思い悩む学生もいる。そこで、交流前に話し合いをもった。各クラスに分かれて保育士さんから園児たちのようすや関わり方について話を聴いた。

　車座になった学生たちは真剣に耳を傾けながら、「保育士さんだって自分たちみたいに園児との関わりで悩むこともあるんだ」「もう少し肩の力を抜いて関わろう」と気持ちを整理できる時間となった。交流は、天候がもう一つということで、プール遊びを変更して、2歳児と3歳児の担当者は、保育園の周りを散歩することになった。

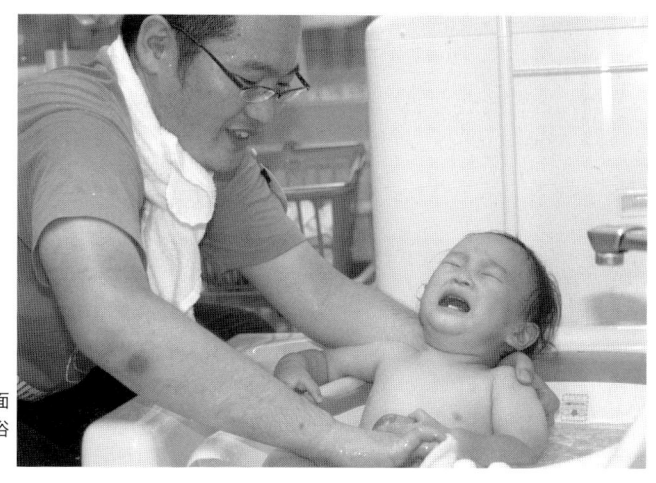

[3] 始まった「ヒューマン・コミュニケーション 1」授業 第3章

写真 3-20 緊張した面持ちで赤ちゃんを沐浴させる学生

　田植えがすんだ田んぼをのぞくと、小さなカエルとオタマジャクシがあちこちから顔をのぞかせている。「泳いでいる、泳いでいる」「平泳ぎだね」「めっちゃ、いっぱいいる」「あっ、逃げるよ！」と、学生と園児との会話があちこちで飛び交う。「つかまえたよ」「ほら、カエル１匹」「〇〇ちゃん、すごい」「ほら、見てないと逃げるよ」「カエル、つかまえたよ」「お兄ちゃん、バッタの赤ちゃんもいるよ」「やった、つかまえた！」「カマキリの赤ちゃんもいるよ」「ミミズがいたよ」「ドジョウをとったよ」「バケツはどこかな？」など、学生も園児も時間いっぱい楽しんだ。

　０歳児のグループは、赤ちゃんをあやしながら散歩をしたり、食事の世話をしたり、沐浴をさせたりすることになった。パートナーが体調を崩して欠席しているある男子学生が、汗をびっしょりかきながら０歳の赤ちゃんと関わっていた。そのとき、保育士さんが０歳児の部屋にいた他の学生たちに、「冷たいお茶でもいかがですか」とお茶を手渡された。ある学生がコップに口をつけて飲もうとしたとき、仲間が汗を流しながら、赤ちゃんを必死になって沐浴させている姿が目に飛び込んできた。学生は、「頑張って沐浴させているな。僕らだけがお茶を飲むわけにはいかないよ」と言って、お茶の入ったコップを置いた。

　お茶を手渡した保育士さんが、「感動ですね。この交流は私たち保育士にとっ

115

写真 3-21　赤ちゃんを抱きしめるとお互いの心臓の音が響き合う

てもたくさんの贈り物がありますね」とつぶやいた。最後は、学生も保育士さんも遊戯室に集まり、全員が正座して、まぶたを閉じ、手を握り合った。

　私は、4月からの授業を振り返りながら学生たちに語った。「この授業での関わりがみんなの瞳を輝かせたり、医学科の仲間のよさを知る一助になったりした。これからはお互いをしっかりと受けとめてあげられる仲間になっていこう」と。交流もあと2回になった。

●Nくんの学習記録●
　今日もほとんど進展がなかった。交流があと3回しかなくて、まだ全然うまくいっていない僕にとっては、非常に残念だ。あせりを感じないと言えばうそになってしまう。だって、あと2回しかないのにまだ笑顔を引き出せないのだから。

■9回目──2005年7月12日

　今日は、交流前に園長から話をうかがう。三つのポイントを指摘された。みんなのまなざしは真剣そのものだった。交流前の挨拶も大きくしっかりとした声がホールに響く。カエルの体操も園児とともに音楽に合わせてしっかりからだを動かしている。ぎこちなさが随分なくなった。少し肌寒かったが、心配した雨も上がりプールでプール遊び。はしゃぎ回る園児たちに温かいまなざしを向けながら、ともにプール内で水遊びを楽しむ学生たち。

写真3-22 青空の下、公園で芝滑りをともに楽しむ

　プールから上がるとき、シャワーを嫌がっている園児がいた。そのようすを見たある男子学生が、やさしくその子を抱きかかえて「大丈夫だよ、大丈夫だよ」と声をかけ、自分も濡れながら一緒にシャワーを浴びていた。見ていると、その園児は泣くこともなくシャワーを浴びている。きっと、学生のやさしさを肌でしっかりと感じ取ることができて、安心できたのだと思う。シャワーがすむと、しゃがみ込んで濡れたからだをバスタオルで拭いてやる学生たち。パンツにシャツと着替えを手伝う。園児と向き合って、うまく語りかけながら手伝っている。みんなよくやっている。

　お別れまで、絵本読みなどで時間を過ごす。一人ひとりが他の園児と関わる医学科の仲間に目をやる。いつも泣きじゃくっている園児と今日も辛抱強く関わっている仲間を見ながら、赤ちゃんをおんぶした学生が、「先生、○○くん、頑張っているね」とつぶやく。

　そして、もう一組。最初の交流日からパートナーの学生に、「あっち行って、お兄ちゃんは嫌」と言っては、学生の差し出す手を払いのけていた女の子がいた。そのたびに、「どうしたらいいんだろう」と悩み落ち込んでいた学生だったが、学生はあきらめることなく毎週やさしく女の子に寄り添い、名前を呼び続けていた。「お兄ちゃんは、ずっと○○ちゃんのそばにいるよ」と。

　保育士さんによると、「嫌だ、嫌だと言っても、○○ちゃんはお兄ちゃんが

写真3-23　言葉に気持ちをのせて絵本を読む

大好きで、お兄ちゃんの名前を何度も口にしています。でもお兄ちゃんを前にすると、素直になれない」とのことだった。今日も、学生が保育園を去ろうとしているとき、保育士に抱かれたこの園児が玄関まで小走りに追いかけきた。そして、そっぽを向きながらもタッチして、「バイバイ」と手を振っている。その光景から精一杯の「大好きだよ」という想いが感じ取れた。きっと、学生の粘り強い関わりのなかに、お兄さんのやさしさを感じ取っているに違いない。

　交流を終えて遊戯室でクラス別の話し合いをもっていたとき、遊戯室の隣の絵本コーナーである園児が泣いているので、保育士さんは「どうしたの」と声をかけたそうだ。いくら話しかけてもただ泣くばかりの園児が、「△△ちゃんのお兄ちゃんは、まだお部屋にいるよ」と声をかけると、泣くのをやめて遊戯室のほうをじっと見つめていたという。

　いよいよ、交流も来週が最終回だ。

●Nくんの学習記録●
　僕はいつもパートナーの笑顔がみたいと思って交流に臨んでいたから、毎回のように園児が泣いていると、交流を失敗だと判断してへこんでいたが、保育士さんから「泣いている園児に対して、投げ出さずに接している自分を認めてやろう」と言われ、うれしくなった。でも笑顔はみたい。

写真 3-24　お別れ会で最後まで笑顔を見せる学生

■ 10回目── 2005年7月19日

　早かった。あっという間だった。高校現場で9年間の実践があるとはいえ、新しい職場でそれも大学生を対象としたものだ。学生たちの取り組む姿勢を受けとめながら関わってきたが、十分だっただろうか。保育園側の対応は十分すぎるぐらい熱気を感じるもので、ありがたかった。学生も私同様に保育士さんたちの真剣さを実感したことだろう。

　「この授業は、自分の心をぐちゃぐちゃにした」とある学生がつぶやいたが、彼ら一人ひとりの心を想像以上に揺さぶったことも確かだ。最後、園児とのお別れ会で歌ったり演技している彼らを見たとき心が躍っていた。みんないい顔をしている。満面の笑みと大きな歌声から、学生たちのつながりを確信した。最高だった。

●Nくんの学習記録●
　目標としていたパートナーの満面の笑みを見ることはできなかったが、お別れ会でパートナーから二人が写った写真とメッセージの入ったカードをもらった。言葉では言い表せないほどうれしかった。一生の宝物だ。人生の節々でつまずいたとき、これを見て励みにしたい。ありがとう○○ちゃん。

4
園児との交流を終えて

1──励ましの手紙

　「ヒューマン・コミュニケーション１」授業では、「気づきの体験学習」と「ヒューマン・コミュニケーション実習（乳幼児との交流学習）」とで、自分と向き合い、自分を見つめ、今の自分自身の人間関係を見直し、どのような人間関係をつくっていくのかを考えてきた。

　この半年間のまとめとして、2005年7月26日の授業では、この授業で気づいたこと学んだことを中心に「もう一人の私」という親友から、自分自身に向けて「励ましの手紙」を書くことにした。この日、保育園の遊戯室は、保育園の関係者、保護者、そして、授業に関心をもつ一般の方やマスコミの方でいっぱいになった。

　車座になって授業開始。授業を振り返った後、学生一人ひとりがもう一人の自分にあてた励ましの手紙を読む（写真3-25）。4月からこの大学に集い、医師という目標を掲げた若者たちがもう一人の自分に話しかけるように読む。学生にとっては、この授業から学んだことは大きかったようだ。

　保育士や園児の保護者から感想をもらった後、医学科の仲間たちは目を閉じ手を取り合ってつながりを確認した。園庭では別れを惜しむ園児と学生たちの

写真 3-25　半年間を振り返って、励ましの手紙を発表

姿がまぶしいくらいに輝いていた。

●Nくんの学習記録●
　保育園の遊戯室で医学科の仲間全員が、半年間の授業を振り返りながら「励ましの手紙」を読んだ。全員が読み終えた後、園児たちが再び遊戯室に入ってきた。僕のパートナーの○○子ちゃんから近づいてきた。思わず抱きしめた。つらかったことが、すべて吹き飛んだ。感動で胸がいっぱいになった。

(1) 自分に語りかけるように書く

　自分への手紙を書くにあたって、学生に出した課題は以下の通り。
　「『ヒューマン・コミュニケーション1』での『気づきの体験学習』と『ヒューマン・コミュニケーション実習（乳幼児との交流学習）』で、気づいたことや学んだことを中心にして、自分のいいところを、語りかけるような口調で、親しみを込めて、ほめて励ます（400字以内）。」
　以下、そのいくつかを紹介する。

□励ましの手紙①
　「半年間の園児との交流の中で、最初は不安もいっぱいあったと思うけど、園児の無邪気な笑顔を見て、癒されることがたくさんあったよね。また、そん

な笑顔や医学科の仲間たちの顔を見ていると自分が何気なく笑顔でいることが、どれだけ他人を安心させたり、他人の心を動かすことができるのかに気がついたよね。園児との交流の中でこれに気づくことはあなたの未来にとても影響を与えることになると思うよ。

園児があの小さな手で、あなたの手をしっかり握ってすがっているのを見ると、あなたがいかに園児に必要とされていたかがよくわかったでしょう。こうやって頼りにしてくれる人がいることは、あなたの自信につながっていくし、あなたは自分の信じていることを、胸を張ってやっていけばいいんだよ。」

(医学科女子)

□励ましの手紙②

「徳仁！　おまえはこの「ヒューマン・コミュニケーション１」の授業が始まってから、今まで以上に他人に対する感謝の気持ちを忘れずに行動できるようになったな。他人にしてもらったどんな些細なことでも、心から「ありがとう」と言えるようになったな。これも、相手のことを自分のこととして考え行動することを、気づかせてくれた「気づきの体験学習」のお陰で、より意識できるようになったんだな。

保育園での園児との交流では、笑顔を絶やさずに接することができたな。

朝起きて雨が降っていたり、雪が積もっていて気分が乗らないときでも、パートナーが待っていてくれるんだということで、元気に頑張れたよな。この短い半年間の実習で、笑顔が人との距離を縮めるんだという大切なことを学べたな。この体験を大切にしよう。」

(医学科男子)

□励ましの手紙③

「慶子は、以前より人の気持ちを考えるようになったね。今までは自分の言いたいことだけ言って、相手の気持ちを思いやる余裕がなかったのかな。◇◇ちゃんと出会って、じっくり相手の話をきけばもっと相手との距離が縮まるということがわかったんだよね。◇◇ちゃんに出会えて本当によかったね。

この授業を通してほかにもいろんなことを学んだね。笑顔ってものがこんなに人の心をあたたかくするうれしいものだったなんて気づきもしなかったよね。慶子は、たくさんの笑顔に囲まれて暮らしていて本当に幸せ者だと思うよ。慶子自身の笑顔で周りの友達や家族、いろんな人を幸せにすることができたらい

■授業参加者（フリーアナウンサー）からのメッセージ■

　学生さんたちが読み上げる「励ましの手紙」をききながら、いくつかの言葉を書き留めました。そして、学んだのは、成長したのは、何も学生たちだけではなく、保育士さん、保護者の方たちも同時進行だったのだと確認しました。もちろん、高塚先生も、ですよね（生意気ですが……）。子どものパワーは無限大です。大人のようなへんな打算がない分、ストレートに大人の心を見抜く力さえ持っています。

　休憩時に、何人かの学生さんに話を伺いました。パートナーを抱っこして、おんぶして、そんな彼らの表情は、限りなく柔らかいものでした。園児の表情はといえば、話しかける私を確認しながらも、安心しきっていつも通りに身を任せているといった感じでした。理屈ではなく、相手をそして自分をも愛おしいと思える瞬間の積み重ねが彼らには確かにあったのだと知らされました。

　行きの電車の中で私が考えていたことは、彼らと同じ時期、年齢の頃の自分がどうであったか、です。それを思い出した上で、二十歳に満たない彼らの言葉を聞きたいと思ったからです。やはり、かなりきれいな文章にまとめあげている、という感じがしないでもありません。高塚さんがおっしゃるように、「本音を語る」のには、半期では短すぎると思います。また、本音を語りたいと思うまでには、ひどく傷つかなければならないし、本音をぶつけたいと思う人や機会に出会わなければなりません。

　でも、特に医者を目指している若者だからこそ感じたものも多かったのではないかと思いますし、自分が感じたこともさることながら周囲の方が（園児、保育士さん、保護者の方）学生たちに「ありがとう」と感謝される言葉や姿が何よりのものではないかと思います。自分が悩みながら学んだ授業の一つでありながら、同時に周囲から感謝される自分もいる、という事実。それがパートナーの笑顔によってもたらされる、という真実。この取り組みが継続される中で、その後の長い自分の人生をまっとうしていくための知恵が、きっと授けられるのだと思います。

　私も二十代半ばで大病を患いましたが、そのとき出会った医師のことを思い出していました。今春、二十年ぶりに偶然の再会を果たし、「先生のお陰で、あのとき私は前へ進めたし、だからこそ、今の私がある」ことを伝えることができました。先生いわく「ずっと、気にかかっていました。これで肩の荷が下りました」。当時、三十そこそこの婦人科医師にとって私という患者は、精神的にもとても荷の重い患者だったことは、想像に難くありません。そのことをあらためて感じたとともに、今一度感謝した次第です。

　あの先生のような、誠心誠意、ごまかしなく付き合って下さる医師に、今日出会った学生さんたちは、きっとなれると信じています。

　「こんな自分で申し訳ないと保護者の方に思った」「泣いてばかりいる子もそれがその子の個性だと」「人の話を聴くだけではなく、受けとめることが大事」「最後にはパートナーの○○ちゃんが僕のことを見ていてくれた」など……。

　「おかげさまで、ありがとう！」この言葉が、自分を嫌う人たちにも言えるような、逆境に出会ったときにこそ思い出せるような、そんなことを繰り返しあらためて自分に問いかけ、熱くなりながら、電車に揺られて少しウトウトした帰途でした。

いね。きっとできると信じているよ。

　４月の慶子より今の慶子の方がすてきだと思う。慶子のことが前よりも好きになったよ。これからももっと好きになりたいな。今、抱いている気持ちを忘れないでこれからもまわりの人を大切にして頑張ってね。慶子ならきっとやれるよ！」

(医学科女子)

(2) 心の言葉

　１年次生たちの「励ましの手紙」のなかに書き綴られた言葉を整理してみると下記のような言葉が頻繁に出てくる。

相手の気持ちをわかろうとする態度／笑顔が人の心をあたたかくする／自分が笑顔でいることが、どれだけ他人を安心させるか／自分が必要とされているという実感／パートナーからの「ありがとう」という言葉／人と向き合うことの大切さ、わかり合うことの喜びに気づく／以前より人が好きになった／気づきの体験学習で学んだことが交流で生きた／園児とどう接していいか悩んだ／毎週、この授業が楽しみだった／子どもが好きになった／最初は不安で嫌だった／自分のよいところに気づけた／相手のしぐさや目を見て気持ちを汲み取る／自分が好きになった／自分を隠していた／「役立ち感」を実感した／人の心がわかる医師に／人間として成長した／広い視野をもつ／お互いに役立つ交流／一人ひとりが違う表現方法／乳幼児のパワー／多くの友達ができた／根気強く関わる／一回り大きくなった自分／コミュニケーション力／素直な自分／感謝の気持ち／カルチャーショック／コミュニケーション授業で励まされた／医学科の仲間はいい人ばかり／相手に向き合い表情や目を見る／やっとスタートラインに立った／多くの人のやさしさにふれて／人に喜んでもらう喜び／心を開くことの大切さ／以前より人の話が聴ける自分になった／患者さんの話に耳を傾ける医師／仲間のよさに気づいた／自分が変わった／０歳児に関わって自分も両親に迷惑かけてるなと思った／家族に対する考え方も変わった／人に寄り添うことの難しさ／長所が見つからない自分がいたが、たくさんの友達ができた

これらからもわかるように、「気づきの体験学習」を学んだうえに、人との関わり体験を繰り返すことで、ホスピタリティ・マインド（思いやりの心）への気づきや、そばにいる人から喜ばれることで、自分自身が喜びを感じるという役立ち感を実感し、自己肯定感を育んだり、医学科の仲間のよさなどを再認識する場となっている。

2──学習の成果と課題

今の受験体制のなかで、「自分と向き合い、自分を見つめ、今の自分自身の人間関係を見直し、どのような人間関係をつくっていくか」という「ヒューマン・コミュニケーション１」授業のような学習を、小・中・高校時代に体験した学生はどれだけいるだろうか。多くの学生は、この授業でとまどいもしたことだろうが、心を揺さぶられたことも確かだ。ある学生は「こんなに心のなかをぐちゃぐちゃにされた授業はなかった」と感想を寄せている。

(1)学生の感想

以下に、半年間の授業を体験した学生の声を一部紹介する。

　この授業のはじめの頃は「どうしてコミュニケーションの授業なんてやる必要があるんだ」と思っていた。なぜなら、僕はだいたいのコミュニケーションはできていると思っていたからだ。

　しかし、考えは間違っていた。この授業を受けるたびに自分のコミュニケーション力のなさに気づいていった。今では、当たり前のことだが、人の目を見て話すようになり、さらに笑顔で接することができるようになった。とくに乳幼児との交流は大きかった。園児は、常に心からの笑顔で接すると園児も心を開いてくれた。この笑顔でふだんの生活でも笑顔を見せられるようになった。このようなことは、医師になったとき必ず役立つと思う。（男子学生）

　　　　　＊　　　　　＊

　ヒューマン・コミュニケーションの授業があってよかった。1週間に2コマ使うだけの意味を得られるだろうかと最初は不安だったが、むしろこの授業がなかったとしたら、さまざまなものに気づけないまま医師という職業に進むところだった。

　以前から、人と話すことは苦手ではなかったが、自分の行動を客観的に見ると、知らず知らずのうちに人を傷つけていた

り、伝えたいことが伝わっていなかったりしていたように思う。10回の乳児との交流を終えた頃には「お腹がすいた」「まぶしい」「外に出たい」などの感情を読み取れるようになっていた。人と向き合う仕事として、このような学習は、他のあらゆる教科より優先してなされるべきだと思う。（男子学生）

*　　　　　*

人が以前よりずっと好きになったし、自分のことも好きになった。医師になるには人を好きであることは、必須だ。この授業で「人とのつながりはいいなあ」と実感できたことは、医師を目指すなかで自分にとってとても大きい。（女子学生）

*　　　　　*

これからの時代、医師にとって人とのコミュニケーションが重要であることは、頭のなかではなんとなくわかっていた。この授業は、医学科の仲間や園児と直接体験し、コミュニケーション力の向上を目指すことはもちろん、自分を新たに見つめ直す機会を与えてくれる非常に有益な時間だった。（男子学生）

(2)学生たちが学んだこと（学習記録から）

授業が終わると、毎回のように学生から学習記録が提出される。それらを整理してみると、①医師への動機づけ、②人間性・人間関係教育の必要性、③仲間のよさを再確認（チーム医療の重要性）、④コミュニケーション力を高める、⑤「役立ち感」を実感し自己肯定感の芽を育む、⑥親への感謝の気持ちを育む、⑦「ホスピタリティ・マインド」への気づきの七つの視点でまとめることができる。それらを紹介する。

①医師への動機づけ

今日の授業は、ふだんの自分の話しの聴き方がどうなのかを気づくことができた。今思うと私は無意識のうちに人の話をきちんと聴く態度をとれていなかったことがあると思う。椅子に座りながら後ろを向くなんてしょっちゅうあるし、その姿を自分が医師で患者さんにしていることを想像すると、今までの自分をすごく反省する。（基礎編「ホスピタリティの実際」より）

*　　　　　*

こんな授業は今までに受けたことがなく、とにかくビックリするとともに、初めのうちはとまどいがあった。しかし、授業が進むうちに、相手に対して心を開くということが何となくわかってきた。でも、自信をもって相手と接することができるには、やはり自分と向きあい磨くことが大切だと思うので、この授業で頑張っていきたい。やはり、コミュニケーション能力は絶対に不可欠なものだし、

とくに私たち医師を目指す学生はその能力に長けている必要があるということを、あらためて認識することができた。毎週、この授業が受けられることがとてもうれしい。(基礎編「心を開く」より)

＊　　　　＊

患者さんのノンバーバルな表現から、患者さんが何を望んでいるのかを思い量ることができるようになることは、よりよい「患者─医師」の関係の構築の必要条件だと考える。実際の医療の現場に立つ前に、経験としてこのような学習をすることは、非常に有意義なものだ。(2歳児担当・男子学生)

＊　　　　＊

幼い頃の母親の背中を思い出した。パートナーの赤ん坊とは、血もつながっていないが、週に一度会うだけでもこれほど情が移るのだから、やはり自分は子どもが好きなのだろう。小児科医を希望するきっかけとなる授業となった。(0歳児担当・男子学生)

②人間性・人間関係教育の必要性

園児のことが好きでたまらないとみんなが口にしていた。この授業には「答えがない」と誰かが言ったが「人を好きになること」「人を大切に思う気持ち」が私が出したこの授業の答えだ。(3歳児担当・女子)

＊　　　　＊

もともと、私は、人と話すのは嫌いで小さな子どもたちは無条件に嫌がっていたが、今回の実習で、大きく変わった。このような交流実習が、一度もないまま医師として社会に放り出されることを想像したら、身が震える思いだ。(2歳児担当・女子学生)

＊　　　　＊

交流も最終回になった。正直言えば4月の時点では「こんな授業は早く終わればいいな」と思っていたが、今は終わってしまうのが残念でならない。10回の交流を通して心からの笑顔を人に見せることができるようになり、初対面の人と話すことも苦にならなくなった。(2歳児担当・男子学生)

③仲間のよさを再確認

医学科の仲間が、泣きわめく赤ちゃんを抱っこしている姿を見て「すごい」と思った。みんなの前向きな姿勢を見るにつけて「私も頑張ろう」と思える。(3歳児担当・女子)

＊　　　　＊

園児に見せる医学科の仲間の笑顔に思わず釘付けになった。みんなが本当にいい顔をしている。(3歳児担当・女子)

＊　　　　＊

この授業で医学科の仲間と絆を深めることができた。「もしこの授業と巡り合っていなかったら」と思うと、背筋に冷たいものが走る。(3歳児担当・女子)

④コミュニケーション力を高める

顔は笑っていても、心のなかで園児の

ことを見下していると、園児も表面的にしか笑ってくれなかった。自分が心を開くことの重要性をこの交流授業で学んだ。(2歳児担当・男子)

＊　　　　＊

一人の笑顔がその相手、そのまわりの人を笑顔にして、笑顔がドンドン広がる。一つの笑顔がとても大きな力を持っているのだ。あらためて笑顔の大切さを感じた。(3歳児担当・女子)

⑤「役立ち感」を実感し自己肯定感の芽を育む

パートナーが、私を待っていてくれたり、探してくれたりする姿を見て、パートナーの心のなかに私の存在が徐々に認められ、必要としてくれはじめたのではと感じることができた。(2歳児担当・女子)

＊　　　　＊

園児と走り回ったり、一緒に草を摘んだり、本当に楽しかった。園児が笑顔を向けてくれただけで、うれしい。受け入れてもらったという自信が、自分の自信につながっていく。(2歳児担当・女子)

⑥親への感謝の気持ちを育む

沐浴をすませた学生は「めちゃくちゃ緊張しました。想像以上です」「僕もこうして親にお風呂に入れてもらっていたのですね」「今日は、親に電話します」と感激で声をふるわせていた。(0歳児担当・男子)

＊　　　　＊

0歳のパートナーは、寝ているときも含めて、赤ちゃんの表情はおもしろい。子育てのたいへんさを思い知った気がして、母親や父親への感謝の念にかられた。(0歳児担当・女子)

⑦「ホスピタリティ・マインド(思いやりの心)」への気づき

園児との交流で僕が得たいちばん大きなものは、相手がこちらを恐がり緊張しているときは、相手をやさしいまなざしで見つめ、理解しようとする姿勢が大切だと気づいたことだ。(2歳児担当・男子)

＊　　　　＊

今まで、授業のなかで相手の気持ちを考えてコミュニケーションすることを学んできたが、私はこれから親や姉妹との関係のなかでも相手のことを思いやって行動できる人間を目指していきたい。(気づきの体験学習「二人で散歩」より、女子)

(3)交流先の保育園関係者の声

お世話になった交流先(松保保育園)の担当者や園児の保護者から、たくさんのメッセージをいただいた。その一部を紹介する。

①**保育士からのメッセージ**
■**園児と学生との交流について**
　1対1で関わることの大切さ、子どもに寄り添うことの大切さ、見守ることの大切さ、相手の立場に立つことの大切さ、子どもの目線など、日頃私たちが大切にしていることを医学生さんたちが実証してくれました。交流はたいへんよかった。

　　　　　＊　　　　　　＊

　子どもたちは、1対1でゆったりと関わってもらうことができた。そして、保育士はふだんの保育をふりかえるきっかけになった。

　　　　　＊　　　　　　＊

　人と人とが交流する温かさや大切さをより実感することができました。そして、私自身、保育士として、また、一人の人間として学ぶことがたくさんありました。とても感謝しています。

■**園児にとってプラスになったこと**
　愛されている、大切にされていることを実感できることは、子どもにとって、とても大切な安心感です。それは、親子関係のなかであたりまえにあると思うのですが、どうも最近の親子間にはそのような基盤になることが希薄なように思います。「どうして母親と一緒にいても暗い顔をしているのだろう」「あまり笑った顔を見たことがない」と思っていた子どもが、この10回の交流の中で、医学生さんと思い切り笑い合っていたり、わがままをきいてもらえたりと甘えている姿を見て、医学生さんが本当に心から子どもたちと大切に関わってくださったお陰で、子どもたちも人に対する安心感や信頼感が芽生えたのでしょう。笑顔と元気をいっぱいもらったように思います。

　　　　　＊　　　　　　＊

　1対1でじっくりと関わってもらうことで、子どもたちも自分のことを大切にしてもらっていることをかなり実感できたのではないかと思います。また、保育園での行動範囲も広がり、以前だとなかなかできなかった川遊びや園外保育にもたくさん出かけていくことができました。

　　　　　＊　　　　　　＊

　家族、保育士、友達以外の医学生というふだんでは一緒に過ごすことができない人たちと関わり合うことができ、そのうえ、自分のペアがいて子どもたち自身満たされるものがあったと思います。1対1でパートナーが決まっているということがよいことだと思います。自尊感情を育てていくことが大切だと思い、日々の保育のなかで常に頭に置いて子どもと接していますので今回の交流はぴったりと心にくるものがありました。

■**保育士にプラスになったこと**
　医学生に子どもたちを1対1でしっかり見ていただくことで、保育士は子どもの姿を客観的に見ることができました。子どもの姿をしっかり観察することで、

子どもの求めている好きな遊びや人との関わり、仲間との関係などを知るよい機会になりました。また、保育のプロである私たちが医学生さんのひたむきさに学ぶことも多かったです。私たちはついトラブルや子どもたちのわがままにしっかりと向き合うことを忘れて、大人の目線で注意したり解決しようとすることがあります。子どもたちは、それでは満足できないかもしれないとわかっているのに。ゆっくりとていねいに関わったり、待つことを忘れない姿に保育士の私たちが教えられました。

＊　　　　＊

人とのコミュニケーションがこれだけ人の心を動かし、人を変えることができるのだということのすばらしさを実感させてもらいました。そして、同じ気持ちでこの授業を受けさせていただいたという気持ちでいっぱいです。自分が好き、人が好きと思える自分がここにいると実感させてもらっています。さらに、今まで子どもたちを一面的にしか見ていなかった自分にも気がつきました。多くのことを学び発見出来た授業で私自身もかなりプラスになりました。

＊　　　　＊

「交流」というとらえ方の幅が広がりました。さまざまなペアのようすや医学生、子どものつぶやきからそばにいて同じ空間にいることだけでも立派な交流だということがわかりました。一緒にいてくれて安心すること、手をつないであた

たかさを感じることなど。また、交流する子どもたちの姿を見ていて、客観的に子どもたちの言動を把握できたり、子どもたちのことをより知ることができました。

医学生さんの姿を見て、私たちも一人ひとりともっとゆったりとした関わりをもつことの大切さを確認した。

②園児の保護者の声

「大きくなったら大学生になってお兄ちゃんみたいになれるかな」と言っていました。身近な人として感じていると同時にあこがれの存在でもあるようです。

＊　　　　＊

「抱っこして絵本を読んでもらった」「肩車してもらった」など、いろいろしてもらったことを家で教えてくれます。そのたびに「あー！ 家ではしてやっていないなあ」と心のなかで反省ばかりです。

＊　　　　＊

交流日の３回目の朝、服のリボンを私が結ぼうとしたら「いい、お姉さんに結んでもらうから」と言う娘。パートナーのお姉さんを慕っている娘を見て、とてもうれしかったです。

＊　　　　＊

交流１回目の前に「よろしくお願いします」という手紙をもらいましたよね。娘はあの手紙をもらったときから、△△お姉さんに会える日を心待ちにしていました。自分だけのお姉さんがいて、クラ

スのみんなにも一人ひとりお兄さんやお姉さんがいて、この子どもたちにとってとても有意義な意味のある大切な時間だったと思います。

  ＊　　　　＊

　医学生さんが子どもたちに全力投球している姿を見て、子どもって合わせ鏡だと気づかされました。「自分がどんなに忙しくても、子どもの話に耳を傾けること」「子どもと関わる時間を大切にすること」「何よりもしっかりと抱きしめること」など、いつもできることなのに医学生さんに教えてもらいました。このような交流は今の時代にはなくてはならない大切な心の授業だと思います。

  ＊　　　　＊

　毎日の忙しさの中で、なかなか1対1で向き合い、関わることができず反省しています。1対1で真正面から向き合うことの大切さをあらためて気づかされました。

赤ちゃんは お母さんや お父さんに 抱きしめられるために 生まれてきた

あなたは そばにいる人の 心とからだを 抱きしめるために 生きている

5
気づきの体験学習

　本章の「[3] 始まった『ヒューマン・コミュニケーション1』授業」の最初で2005年度に行った「気づきの体験学習」について述べたが、以下では2006年度に行った「気づきの体験学習」について紹介したい。

1――1回目の授業の演習

●演習1　「一方通行」
　「今までシラバスや授業の進め方、『役立ち感』『自己肯定感』について話してきましたが、講演会などのように講師がひたすらしゃべるのみで、みなさんからの質問は一切受け付けませんでした。これから私が1枚の用紙（A4）を配布しますので、私が言うことをあなたが受けとめたままにその用紙に書いてください。当然、『どのように書いたらいいのだろうか？』と疑問がわくと思いますが、質問はできません。そうすると、つい隣の人がどのように書いているか見たくなりますが、カンニングをしてはいけません」と言って始める（この本をお読みいただいているあなたも、どうか一緒にチャレンジしてみてください）。
　「上と下に△を三つ描いてください」「大きな〇を一つ描いてください」「線

表3-3 「ヒューマン・コミュニケーション1」授業の指導案と授業内容（2006年度の1回目の授業）

授業担当者：鳥取大学医学部教育支援室（助教授　高塚人志）

1. 日　　時：2006年4月11日㈫1〜2限（8：50〜12：00）
2. 場　　所：大集会室
3. 対　　象：医学科1年次生75名
4. 題　　材：講義、気づきの体験学習
　　　　　　（「役立ち感」について、一方通行、アイスビルド、思いこみ、自分を知る）
5. ねらい：人と人とが確かな絆で結びつくことが求められている時代に、さまざまなテーマの「気づきの体験学習」を継続することで、ひたすら自分と向き合い自分を見つめ、今の自分自身の人間関係を見直し、どのような人間関係をつくっていくのかを考える一助とする。
　　［本日のねらい］
　　　　○そばにいる人から喜ばれる喜び
　　　　○人は人との関係の中で生きる
　　　　○人が心開き関わり合うことの大切さに気づく
　　　　○私たちが無意識にもってしまう「思いこみ」「先入観」とは
　　　　○自分の考えや気持ちを知る
6. 準　　備：授業計画（シラバス）、学習記録シート、一円玉、筆記用具、ふりかえりシート

時間	指導内容	学習内容	指導上の留意点
180分	挨拶と出席確認	・元気よく挨拶し返事をする。	・学生の体調や意欲を把握する。 ・話を聴きやすい雰囲気をつくる。
休憩 10分	シラバスや本日の授業のねらいの説明	・学習内容を知る。	・写真などを利用して理解を深める。
	講義（そばにいる人から喜ばれる喜び）	・「役立ち感」「自己肯定感」について理解する。	・照れやとまどいのことも考え、わかりやすくてていねいに説明する。
	気づきの体験学習		
	①一方通行	・いろいろな人たちと関わりをもって生きることに気づく。	・他人の書いたものを見て書かないことを確認する。
	②アイスビルド	・心を開いて人に関わることの大切さについて実感する。	・ふざけてやらないことを確認する。
	③たかが一円、されど一円 （思いこみ）	・無意識のうちに持っている「先入観」「思いこみ」について実感する。	・一円玉のない人に対して支援する。
	④相手を知る前に自分を知る	・自分のよいところをパートナーに時間内に告げる。	・聴き手は、先攻の話し手が話しやすいように受けとめることを伝える。
	学習記録シート配布	・本日の学習をふりかえり、学習記録をまとめる。	・翌日までに指定された場所に提出する。
	アンケート配布	・アンケート記入。	
	まとめ	・感想を述べる。	・学生から授業の感想を聴く。
	挨　　拶	・終わりの挨拶を交わす。	・姿勢を正し、お互いの顔を見て。

を1本引いてください」と、学生の描くようすをうかがいながら進めていく。さっさとペンを走らせている学生、上を向いて考えている学生。「それでは、ペンを置いて隣の仲間の描いたものを見てみましょう」と投げかけると、お互い描いたものを見ながら苦笑したり、どうしてそのように描いたかを指摘し合っている。「では、全員立って医学科全員の描いたものを見てみましょう」と、言葉かけをする。少し時間はかかるが、全員の学生が仲間の描いたものを一つひとつ見て回る。

適当なタイミングで、元の席に戻るよう指示し、「みなさんは、医学科の仲間たちの描いたものを見てどう思いましたか」と語りかける。そして、下記のことにふれながら話を進めていく。

〈あなたが描いたものと違う人に出会ったとき〉
　・私は正しくて、あなたはおかしい。
　・「あっ、間違って描いてしまった」と消しゴムで消す。
　　（つまり、あなたはすばらしい。私はだめ）

〈あなたと同じように描いている人と出会ったとき〉
　・「私とよく似てる」と思い、ホッと安心する。
　・「なぜ、同じように描いたの」と腹が立つ。

「どうでしたか。同じようなものが一つもなかったら、あなたはどんな気持ちになりましたか。不安になりましたか。それとも得意になりましたか」

学生たちは、真剣なまなざしを私に向けながら耳を傾けている。「みんないろいろなんですね。いろいろな人生ドラマを抱えた人がここにいます。受けとめ方は人それぞれなんですね。そのいろいろな人たち（患者さん）とみなさんは向き合っていかなくてはいけないのです……」と話は続いていく。

●演習2　「アイスビルド」

「教師自らが心を開かないと生徒は心を開かない」という恩師の言葉をいつも思い出すが、人と人とが心開いて出会い関わり合うことの大切さに少しでも学生に気づいてもらいたいため、アイスビルドの「気づきの体験学習」を体験してもらう。

できるだけまだお互いのことがわからない学生どうしで二人組になり、膝突き合わせて向かい合う。そして、二人で見つめ合うのだが、「町ですれ違う人や電車内で向き合う人、エレベーターに乗り合わせた人などに対して『この人どんな人なんだろう』と思いながら、さっと横目で相手を見たりなめまわしている自分がいないだろうか」と言葉を投げかけながら、それを実際やってみるのだ。「①『この人どんな人なんだろう？』と思いながら、やさしい気持ちで相手を見ない、②髪の毛一本から足のつま先まで相手をじろじろとなめまわす、③『嫌だね』『楽しいね』など、一切言葉は交わさない、④決して笑わない」の約束を確認して、「さあ、気持ちを切り替えて真剣にやってみよう」と言葉を投げかけスタートする（時間は30秒だが事前に知らせない）。
　思わず吹き出してしまう学生もいるが、多くの学生が決められた時間を真剣に向き合い関わり合っている。時間がきたら終わりの合図を告げる。間髪入れずに、「お互いどんな気持ちだったか自由にお話しください」（時間は30秒だが事前に知らせない）」と投げかける。学生は先ほどの辛い状況から解放されて、自由に話し合っている。とてもにぎやかだ。時間がきたら終わりを告げる。
　そして、いくつかの視点から、次のような言葉をプレゼントしていく。

□**時間的距離感について**

　「ジロジロ見ていた時間とお互い感想を言い合った時間は同じ30秒間なんですね。どちらが時間が長く感じられましたか。私たちの生活のなかでも、暇なときとか興味のないことをしているときなど、すごく時間が長く感じますよね。逆に自分の好きなことをしているときなど、あっという間に過ぎる時間というのもあるんですね。コミュニケーションも同じで、『この人の話はおもしろくないね。いつまで話すんだろう。長いね』と思うこともあれば、『えっ、もう終わりなのか。もっと話をききたかったなあ！』ということもあります。時間は伸びたり縮んだりするんですね。」

□**不信感につながる**

　「ジロジロなめまわされて居心地のよかった人はいませんよね。視線がエレベーター状態では、ちょっと嫌なところを何か見透かされているようで、自分をしっかり受けとめてくれているようには思えません。相手の不信感につながるかもしれませんね。」

□言葉のコミュニケーション

「『しゃべってはいけない』という約束でお互いなめまわしていると、その人のことはなかなかわかりません。そのうえ、『やさしい顔では見てはいけない』という約束もありますから、言葉がなくて外見だけ見ると『怖そうな人だな』『話しにくそうな人だな』など、マイナスの固定観念が膨らんでいきます。」

　30秒間がとても長く感じて、この場から少しでも早く逃げ出したかったと言う学生。逃げたくなった要因として、人間どうしの距離感のことについて説明する。私たちはたとえ家族であっても同じ職場で働いている人でも、心理的には遠い人もいる（本当はいちばん近いはずなのに）。嫌な人と接すると心理的に逃げ出したくなるような気持ちが働く。すると、あさっての方を向く自分がいる。そんなことはふだんの生活のなかにはいくらでもある。

　電車内で他人と向き合って座っているときやエレベーターのなかでの重苦しい雰囲気は誰もが体験していると思うが、嫌な人と廊下や道路ですれ違ったり、家庭で親子関係がうまくいかないときなど、言葉は交わさず「さっとなめまわす」「視線をそらす」といった関わり方をしている自分はいないだろうか。あなたの表情やしぐさ、態度一つで、知らないうちに相手を傷つけたり、傷ついている自分がいる。将来、医師として患者さんと向き合うのだが、まずは何より一人の人間として私たちのふだん自分が気づかない死角の部分を見つめ直すことは、とても大切なことだと思う。

●演習3　「たかが一円玉、されど一円玉」（思いこみ）

　学生に向かって「ふだん使っているお金の一円玉をイメージしてください。そして、各自がイメージした一円玉の大きさ（デザインなどは書かない）を指定した用紙に描いてください」と伝える（この本をお読みのあなたもぜひ用紙を用意してチャレンジしてみてください）。

　描き終えたらパートナーと見比べさせる。そして、一円玉の実物を取り出し、あてがったり、自分が描いた一円玉の横に絵取って描かせた後、「①１ミリのくるいもなくきちんと描き終えた人、②実際より大きく描いてしまった人、③ワイシャツのボタンのように小さく描いた人」と尋ねてみる。９割近くの学生

が小さく描いている。そこで、パートナーどうしで実際と違う一円玉を描いたことについて、気づいたこと、感じたことを話し合う。

　多くの学生が、『一円玉がこんなに大きいとは思わなかった』と口にする。以前、高校現場でこの演習を行ったとき、ある高校生が、こんなことを言った。「先生、俺、朝はコンビニに寄ってジュースと菓子パンをよく買うんだ。あるとき、お金出したら『ありがとうございました』と言って、レシートとおつりを俺に手渡した。俺はレシートいらないから、その手でレシートを入れる箱に入れようとしたら、お金が床にこぼれ落ちたんだ。店の人がすぐさまおつりを探してくれたんだけど、店の人が『お客さん、あと２円見つからないのですが』と言われたとき、俺は『２円ぐらいいいですよ』と言ったんだ。先生、俺よく考えてみると『一円ぐらいどうでもいい』という気持ちがあったかもしれない。物心ついてから、それこそ何千回、何万回も一円玉に出会っていても、『しょせん一円だから』という気持ちがあったから、しっかりと一円玉を見ていなかったと思う。」

　クラスの仲間の多くが彼の言葉に大きくうなずいた。私たちも小さい頃から数え切れないほど一円玉に出くわしてきた。でも、心のどこかに「１という数字のイメージ」「たかが一円ぐらい」と一円玉を過小評価している自分がいなかっただろうか。もし、これが人だったらどうだろうか。わずかな関わりのなかで、「あの人はこういう人だと」決めつけてしまっていることはないだろうか。この演習は、自分自身のものの見方・考え方を見つめ直す、よいきっかけをつくってくれる。ふだん見慣れている一円玉を描いているときは、いったい何が始まるのだろうかと不思議そうにしている学生だが、実は自分自身のふだんの対人関係のあり方を揺さぶられていることを知ると驚きの顔は隠せない。

●演習４ 「相手を知る前に自分を知る」

　二人組になりお互い向き合って椅子に腰掛けて、先攻と後攻を決める。先攻になった人は、「自分のいいところは〇〇です。自分のいいところは△△です」とそばにいる後攻の人に伝える（時間は１分間）。後攻の人は、先攻の人が言うことに対して、決して「そんな馬鹿な」「そんなことはないだろう」というような受けとめ方をしてはいけない。それでなくても、まだお互いにわからな

い人に対して自分のいいところを言うのは恥ずかしい。だから、後攻の人は先攻の話し手が気持ちよく自分の長所を語れるような海のような広い心で関わりをもつことが大切だ。後攻の人は背中に両手をもっていって手を取り、先攻の人がいくついいところが言えたかを数える。

これらを確認していよいよスタート。なんだかんだ言いながら、学生たちはそばにいるパートナーと真剣に向き合っている。時間がくるといくつ言えたか検証する。そして、交代して同じことを行う。言い慣れていないのでお互いに照れがある。でも、照れや恥ずかしさを差し引いても、「お前なかなかいいところがあるじゃないか」と自分を自分で認めてあげることはとても大切なことだ。

私たちが「あきらめないぞ」「明日も頑張ろう」と思うやる気や元気の源はどのようにして育まれるのだろうか。それは、自分が他者との関わりのなかで、自分の行為が喜ばれ、そばにいる人からプレゼントされる「ありがとう」「お世話になりました」「おかげさま」の言葉によって、「役立ち感」を実感し、「自己肯定感」を育み、やる気と元気の意欲を高めることによる。

「ありがとう」と言える人と同時に、「ありがとう」の言葉をプレゼントしてもらうために、「そばにいる人に喜んでもらえる行為」をふだんから心がけることが大切だ。自己肯定は他者肯定につながり、人間関係が膨らんでいく。

2——2回目の授業の演習

●演習5 「みんなでインタビュー」

お互いのことを知り合うきっかけをつくるために「みんなでインタビュー」を行う。6～7人でグループをつくり、椅子に腰掛けて二人ずつ向き合う（7人のときは、一人は休憩して待つ）。インタビューシートを全員に配布する。シートには、「①あなたが大好きな食べものや料理は……、②あなたの好きなスポーツは……、③あなたが行ってみたいところは……、④あなたがほっとしたり、楽しいと思えるときは……、⑤あなたのいちばんの思い出は……」など八つほどの質問項目が設けられている。

向き合っている二人は、お互い名前を名乗り、どちらが先にインタビューす

[5] 気づきの体験学習　第3章

写真3-26　パートナーを替えながら話し、聴く

るかを決める。私の合図で、最初にインタビューする人は8項目の中から一つ質問を選んでインタビューを開始する（時間は1分間）。1分間が経過したら交代の合図をして、インタビューする人を交代して同様に行う。お互いインタビューが終わったら、席を移動して新しいパートナーと対面して挨拶、インタビューを繰り返し、グループ全員にインタビューするまで繰り返す。

　この演習は、いろいろな人と知り合うきっかけができるということで、学生には好評でとても盛り上がり、教室内の雰囲気が一変する。

●演習6　「聞くと聴く」（聴くことの大切さを学ぶ）
　書店に出かけると「聞く」ということに関する書籍が非常に多く並んでいる。「私は話すのが苦手できく方が楽です」などと口にする人は少なくないが、意外と「人の話をきく」ことは難しい。きいているようできいていない。よく考えてみれば、きいてくれる人がいないとしゃべれないのだ。「聞くと聴く」の演習では、さまざまな「きき方」を体験することで「聴くことの大切さ」を徹底して学生に体験させる。

[パート1]　話をきいてもらえない
　パート1では、二人組になって向き合う。「話し手」は、指示書に記載され

表3-4 「ヒューマン・コミュニケーション1」授業の指導案と授業内容(2)

授業担当者：鳥取大学医学部教育支援室（助教授　高塚人志）

1. 日　　時：2006年4月18日(火)1～2限(8：50～12：00)
2. 場　　所：大集会室
3. 対　　象：医学科1年次生75名
4. 題　　材：講義、気づきの体験学習（インタビュー、「聞くと聴く」）
5. ねらい：人と人とが確かな絆で結びつくことが求められている時代に、さまざまなテーマの「気づきの体験学習」継続することで、ひたすら自分と向き合い自分を見つめ、今の自分自身の人間関係を見直し、どのような人間関係をつくっていくのかを考える一助とする。
   [本日のねらい]　○お互いのことを知り合う
   　　　　　　　　○聴くことの大切さに気づく
   　　　　　　　　○乳幼児との交流の準備
6. 準　　備：学習記録シート、ふりかえりシート、筆記用具

時間	指導内容	学習内容	指導上の留意点
180分 休憩 10分	挨拶と出席確認 本日の授業のねらいの説明 講義（自分を認めてほしい） 気づきの体験学習 ①みんなでインタビュー ②本物はどれだ ③聞くと聴く ④ねえねえ！　聴いて聴いて！ 5月の連休明けから始まる乳幼児との交流の準備 ふりかえり 学習記録配布 まとめ 挨拶	・元気よく挨拶し返事をする。 ・学習内容を知る。 ・先週の講義内容の中心であった「役立ち感」「自己肯定感」について、さらに理解を深める。 ・近くの人と六人組、五人組になる。 ・お互いのことを少しでもわかり合うために、お互い向かい合い、指示書にしたがいインタビューし合う。 ・シートに本物を一つ、嘘のことを二つ書いて、グループ内で発表し合う。他のメンバーは発表者の本物を当てる。 ・二人組になって「話をきいてもらえない」プログラムと「相手の気持ちをわかる」プログラムを体験する。 ・相手に気持ちを寄せて聴くことの大切さをグループで行う。 ・交流のためのガイダンス冊子で交流のようすを確認する。 ・パートナーの決定など。 ・本日の学習をふりかえり学習記録シートをまとめる。 ・感想を述べる。 ・お互いに向かい合い、挨拶を交わす。	・学生の体調や意欲を把握する。 ・話を聴きやすい雰囲気をつくる。 ・写真などを利用して理解を深める。 ・照れやとまどいのことも考え、わかりやすく丁寧に説明する。 ・ホワイトボードを利用して説明する。 ・相手に心寄せて話を聴くことの大切さについて投げかける。 ・話し手が話す時間がきたら小講義を挟んで、二人目の話し手を迎える。 ・翌日までに提出することを確認する。 ・数人の学生から授業の感想を聴く。 ・姿勢を正し、お互いの顔を見て。

たテーマ（①私のふるさと、②私の子どもの頃の遊び、③私の小・中・高校時代など）にしたがってパートナーに話しかける。「きき手」は、パートナーの話に耳を傾けないで、指示書の課題（都道府県名を書き込んだり、似顔絵を描いたりする）にひたすら取り組む（ふだんの私たちは何かしながら人の話をきいていることが多いので、この演習ではそれを徹底する）。

　時間は３分間。「始めてください」の合図でいっせいにスタートする。それぞれが指示書にしたがい真剣に向き合う。「話し手」は、「きき手」に何か伝えたいと一生懸命だが、「きき手」は、指示書にしたがって、課題に真剣に取り組んでいる。横から見ていても「話し手」と「きき手」が嚙み合っていないのがわかる。教室内はいたって静かだ。終わりの合図とともに、「話し手」の人が３分間どんな気持ちで話していたかを「きき手」に話す。その後、お互いが指示書を交換し、お互い気づいたことを話し合う。

　「話し手」側の学生からは、「視線を向けてもらえない」「相づち、うなずきがない」「反応がない」「表情がない」など、「『きき手』がこんな関わりでは真剣に話をきいてくれているようには思えなかった」「とても３分間が辛かった」「ふだんの自分の『きき方』を問い直すよい機会を得た」とふりかえりで心の内を語った。

［パート２］相手の気持ちをわかる

　パート２は、パート１の演習とは逆に、「話し手」が安心して話せるように、「きき手」がまさに「話し手」と真剣に向き合うことを体験してもらう。「話し手」の指示書には、「そばにいる『きき手』は、あなたの味方です。あなたが話すことは、『きき手』の胸のなかだけに収められるので、安心してお話しください……」などと書いてある。一方、「きき手」の指示書には、「あなたは『話し手』の味方です。あなたは、できるだけしゃべらずに『話し手』が安心して気持ちよく話せるように真剣にきいてあげてください。……」などと書いてある。

　指示書を黙読した後、「始めてください」の合図でお互い指示書にしたがって関わりを始める。時間は先ほどの倍近くの５～６分。パート１のときとは、教室内の雰囲気が一変する。とにかくにぎやかだ。どの学生の表情も生き生き

している。終わりの合図を告げて、「話し手」の学生に「きき手」に話しているとき、どんな気持ちだったか「きき手」に話すよう指示する。「話し手」の多くの学生が、「あたたかいまなざしが感じられた」「うなずき、相づちを打ってくれた」「身を乗り出してきいてくれた」などの関わりから、「きき手」がしっかりと自分を受けとめてくれていることが感じられ、安心して話せたという声が続く。

　「きき手」がしっかり「話し手」の話をきくことで、「話し手」は「自分を受けとめてくれている」「自分を大切に思っていてくれる」と実感し、自己肯定感の芽を育むことにもつながる。さらに、このパート2の演習では、「きき手」はあまりしゃべらずに、ひたすらきくことを要求している。私たちはお互いのことを理解し合いたいために会話を始めるが、お互いが言いたいことを言い合っているときは話し合いができない。ややもすると、ついつい「話し手」の言葉を遮ってでも、自分の言葉を重ねて、自分の言いたいことを言おうとするのが私たちなのかもしれない。まずは、「話し手」の話を素直にきくことだ。

　「話し手」に言いたいことがあっても、ひとまず、自分の考えや気持ちはどこかに置いて、「話し手」のことをわかってあげることだ。そばにいる「話し手」のことをわかって、はじめて「きき手」の自分のこともわかってもらえるのだ。私たちが会話のなかでイライラしたり、悲しくなるのは同意（納得）が得られないときより自分の気持ちや考えを「きき手」にわかってもらえないときだ。私たちは、わかってもらえたことでまずは安心するのだ。

　このような研修を大学病院職員や一般の人たちを対象に行っているが、参加者の一人からは、「本当に目から鱗というか、自分が避けてきたものと向かい合うことができました。さっそく、帰宅して主人と会話をして実感しました。いつも、『会話にならないな』と感じていたのは私が一方的に話していたからだったのですね。久しぶりに、主人の声が心地よかったです。子どもが目をそらしながら話を聞くことを心配していましたが、それもやはり私の『～しながら』聞くことが影響していたんですね。子どもの顔を久しぶりにしっかりと見ました。毎日、コミュニケーション不足の不安を抱えていましたが、やっとその原因が自分にあることと向き合えました」という感想が寄せられた。

写真 3-27　順番に話し手となって感動体験を話す

[パート3]　「ねえねえ！　聴いて聴いて！」

　パート3は、「聞くと聴く（聴くことの大切さ）」をまとめとして行う。「ねえねえ！　聴いて聴いて！　私こんなすごい体験したのよ」をテーマに、四人一組になって順番で話し手になり、2分間とっておきの感動体験を話す。「『きき手』の三人は、自分たちがどうあったら『話し手』が話しやすいのか相手の立場を考えて関わってほしい」と指示を出してから開始する。一人目が話し終えたら、あるグループをモデルにしてふりかえりを行う。

　私がある学生に「あなたが『話し手』のとき、『私の話をきいてくれているな』と思うときは、『きき手』がどんな態度やしぐさのときか、一つだけあげるとすると何だろうか」と尋ねると、考えながら「『きき手』が、うなずいたり相づちを打ってくれるとき」と答えた。「うなずいたり相づちを打ったりするとき」と答える学生や一般の方は少なくない。

　そこで、「うなずいたり相づちを打ったりすること」は、「私はあなたの話を聴いていますよ」「話を続けてください」というメッセージであることを伝え、①同意する（「はい」「ええ」「わかります」「本当ですね」「なるほど」など）、②感嘆する（「へえー」「すごい」「さすが」「やったね」など）、③話を促す（「それで」「それから」「それからどうしたの」「もう少し話を聴きたいですね」など）についての小講義を行う。それを受けて、二人目の「話し手」にバトンタッチ

143

する。あちこちで「話し手」の話す内容に「すごい」「さすが」などと小講義を生かしながら共感の声や拍手が自然に湧く。

　二人目が話し終わったら、一人目のときと同様に「『私の話をきいてくれているな』と思うときは、『うなづいたり相づちを打ったりする』以外に『きき手』がどんな態度やしぐさのときだろうか」と他の学生に尋ねる。学生は、「目が自分の方を向いているとき」と答える。実は、私が全国の小・中・高校に招かれてモデル授業を展開するとき、この演習をよく行うのだが、子どもたちの多くが「お父さんやお母さんが自分の方を向いてくれるとき」「先生がちゃんと自分の目を見てくれるとき」と答えるのだ。

　こんな話を聞いたことがある。ある企業の社員旅行でバスで目的地に向かうときの話だ。旅行の幹事が、企業のトップの人に「一言ご挨拶を」と声をかけた。声をかけられた人は、バスの最後尾に座っていたので前に出て話そうとしたら、幹事から「その席でお話しください」と声をかけられた。それで、しかたなく後部座席に座ったまま挨拶をしたのだが、バスに乗車している社員はすべてバスの前方を向いていて、話し手に背中を向けてきくことになった。話し手の上司は、「背中で話をきかれることはとても辛かった。いかに、相手の表情を窺いながら会話することが大切かを実感した」と話された。

　そこで、実際にモデルになってもらう学生と向き合い、実際に「きき手」が下を向いたり背中を向けてきくポーズをとることでどんな気持ちになるか、みんなが見守るなかでトライする。学生の感想は、「話を聴いてくれているように思えない」「話したくなくなる」などと答える。

　これらのことを踏まえて、三人目の「話し手」にバトンタッチ。「相手に目を向けること」「うなずきや相づち」「あたたかいまなざし」などがあると、話し手が気持ちよく話すことができることを実感しながら演習が進んでいく。次の四人目の「話し手」のときは、教室内は温かい雰囲気に包まれていた。「きき手」の誰一人として、「話し手」の話をきいて鼻で笑う人もいない、下を向いたり背中を向けている人もいない。そこには、「きき手」の温かいまなざしやうなずき、「へぇーっ、そうなんだ」「すごい」と相づちが飛び交う。「話し手」は、「きき手」がしっかりと自分に心を寄せてくれていると実感して、安心して話しているようすが窺える。

体験学習という「気づきの場」を与えることで、あたりまえのことだが、自分が体感し気づいたことを、学生たちが自らの口で語るところに大きな意義がある。

授業後の学習記録は、次のように綴っている。

○一生懸命話しているのに、相手に誠意を持って聴いてもらえないことが、いかに話し手の心を傷つけているかを知りました。私たちが目指している医師という職業は、人間同士の会話から仕事が始まります。医師を頼ってやってくる患者さんの話をしっかり聴いて、受けとめられるようになりたい。(女子学生)
○自分はかなり内向的な性格で、それが悩みでもあったので、この授業を受ける前は不安だった。だが、仲間が声をかけてくれたり、興味深く話を聴いてくれたので、予想以上にしゃべれた。自分がこんなに話せるなんて新たな自分を見つけられたことがすごくうれしかった。(女子学生)
○他人の話を聴くということは、実生活でも大切なことだが、医師になってからは特に大切だと確認できた。今の湖山キャンパスの学生生活では、自分が学生であることを忘れがちになるが、この授業はそれを思い出させてくれる。(男子学生)

最近、書店に「聞(聴)き方」に関する書物がよく並んでいる。多くの人が「話す」ことに大きな関心を寄せているが、「聴く」がないと「話す」は成立しない。話し手の話がどんなに上手でも、それだけではコミュニケーションは成り立たないのだ。「話し手の言いたいこと」を五感をフルに使って心を込めて聴くことで、話し手は「自分をしっかり受けとめてもらっている」と実感し安心感も生まれる。そして、その自信は「自分には存在価値がある」という自己肯定につながっていく。ある学生が、毎回の授業をふりかえりながら「あたりまえのことを忘れてはいけませんね」とつぶやいたことが心に残っている。人として大切なことを実感させ、繰り返し継続して刷り込むのがこの授業の特徴だ。

6
高齢者施設利用者との交流

1──2年次生での高齢者との交流

　医学科2年次生は、1年次生の「ヒューマン・コミュニケーション1」の授業での気づきや学びを、「ヒューマン・コミュニケーション2」の授業でより深めることになる。「気づきの体験学習」と継続的に高齢者施設の利用者と交流をもつことで、「ヒューマン・コミュニケーション1」の授業で気づき、学んだことを内面化し、ふだんの生活場面での行動化につなげていく。よって、将来、臨床現場におけるコミュニケーションにも心がこもり、患者や同僚に温かいまなざしで関わり、他者に安心感や信頼が得られる望ましい態度や行動ができる全人的医療の実現のための礎となる。

　2年次生のコミュニケーション授業の核は、大学から自転車でおよそ15分ほどのところにある高齢者施設の利用者との交流で、全部で5回、5週間にわたる2単位の授業だ。表3-5は、その最初の授業案である。

　今の大学生は、高齢者との関わりが生活のなかにない者が多く、とまどいや不安は隠せない。「死生観」「生きる」というテーマで「気づきの体験学習」を終えた学生は、施設の利用者との交流に入る。授業のようすを「学生の学習記録」「施設担当者の声」などをまじえて紹介する。

表3-5 「ヒューマン・コミュニケーション2」授業の指導案と授業内容

授業担当者：鳥取大学医学部教育支援室（助教授　高塚人志）

1. 日　時：2006年4月17日(月)3～4限（13：00～16：20）
2. 場　所：社会福祉法人こうほうえん（米子市内）
3. 対　象：医学科2年次生73名
4. 題　材：高齢者との交流体験1回目
5. ねらい：人と関わるには相手の心のありようを想像し、相手の心に添った行動をすることが大切である。1年次生での「ヒューマン・コミュニケーション1」での授業体験で気づいたことや学んだことを生かし、ふだんの生活場面で関わりの少なくなった高齢者施設利用者の方とよい人間関係を築くにはどうコミュニケーションをとったらよいかを学ぶ。
　　　また、パートナーや施設職員との関係からホスピタリティ・マインド（思いやりの心）への気づきや役立ち感を実感し自己肯定感を育んだり、医学科に学ぶ仲間のよさを再認識する一助としたい。
6. 準　備：ネームカード、学習記録シート、筆記用具

時間	指導内容	学習内容	指導上の留意点
180分	こうほうえんの玄関にて挨拶 出席確認と服装確認（会議室） 本日の授業のねらいの説明 諸連絡 理事長からのメッセージ、担当の施設職員などの紹介 医学部教育支援室長の挨拶 パートナーのところへ移動（施設職員から日程や交流についてうかがう）	・元気よく挨拶し返事をする。 ・玄関で挨拶し、施設内に入る。 ・身だしなみ（服装、長い髪は整えるなど）を整える。 ・学習内容を知る。 ・理事長ほかの話を自分のこととして聴く。	・学生の体調や意欲を把握する。 ・服装や爪など身だしなみが整っているか確認する。 ・私語を慎み傾聴するよう支援。 ・挨拶の確認を怠らない。
	パートナーとご対面、交流（100分）	・各担当の施設職員から、詳しい日程や交流内容をうかがい、パートナーとご対面し1回目の交流開始。 ・それぞれ担当のパートナーに寄り添いながら交流する。	・安全面に留意して関わるよう支援する。 ・一人ひとりがパートナーに寄り添う。 ・相手のことを自分のこととして考え行動するよう支援する。
	パートナーとお別れ	・握手でお別れ	・必ず「○○さん帰ります。また、来ますね！」と挨拶して帰ることを確認する。
	ふりかえり（施設職員、医学生、授業担当者） 次週の連絡とまとめ	・高齢者との関わりのふりかえりをする。 ・次週の交流内容を知るとともに感想を述べる。	・施設職員からもよかったこと、次回の交流で気をつけることの言葉をいただく。 ・数人の学生から授業の感想を聴く。
	挨拶	・お互いに向き合い、挨拶を交わす。	・姿勢を正し、お互いの顔を見て。
	学習記録配布	・本日の学習をふりかえり学習記録をまとめる。	・次回の授業に提出する。
	施設職員に挨拶	・施設職員に御礼の挨拶を述べる。	・お世話になった方へ、御礼の挨拶をして帰ることを確認する。

■1回目──2006年4月17日

　高齢者施設との1回目の交流日。天候もまずまずのなか、学生は自転車で交流場所にやってくる。1年生のときの乳幼児との交流経験があるにしても、高齢者の方との交流体験が初めてという学生も少なくなく、どことなく落ち着かない。施設担当者や医学部教育支援室長の話を伺った後、パートナーと対面して関わりをもつ。関わりは特別なことをして時間を過ごすのではなく、利用者の施設内での生活のスタイルを崩さないで時間を過ごす。笑顔が絶えない学生と利用者。反対にお互いに押し黙ってしまいどうしてよいか頭を抱える学生。1回目は予想されたように大苦戦だ。

　施設の担当者からは、「利用者の方は、ふだんとは違う新鮮な雰囲気のなかで、ほのぼのとした穏やかなひとときをたいへん喜ばれたようすで、学生さんの表情がとても輝いていました。別れに涙する利用者の方もおられ、今度おいでになるのをたいへん楽しみにしていらっしゃるようです」とメッセージが届いた。

●Kくんの学習記録●
　保育園児との交流とは、全く違うものだということにあらためて気づいた。パートナーの方がおっしゃる言葉が聴き取れず、おっしゃっていることがわからないまま、うなずいてしまった。○○さん！　すいません。やはり、「気づきの体験学習」で学んだ「オウム返し」は、とても大切なのだと実感した。どうしても話が聴き取りにくいときは、何らかの努力はすべきだと思った。もっと、コミュニケーション・スキルを高めたい。今日は、天候もよく散歩に出かけたが、脇を通る車がすごく危険に思えた。自分が運転しているときは「事故をしないように」ではなく、「車が危ないと思われないように」心がけたいと思った。

■2回目──2006年4月24日

　1回目の交流で「正直、しんどかった。笑われないし、表情が変わらないし、会話も続かない。何をしてよいかわからない。難しいなあ！」「まだ始まったばかりの交流、どうやってお互いの関係をつくっていけばいいだろうか。やはり、子どもには子どもの、年上には年上の接し方、関わり方があるんだなあ」などと、学習記録に悩みを綴っていた学生たちの2回目の交流日。

　学生のそばでじっくりようすを窺っているのだが、次は何を話そうかと目がキョロキョロ泳ぐ。沈黙が続く。どうしてよいかわからないまま、終始オロオロしている姿の学生が目立つ。ある学生が「会話が続かない。ふだんの自分が

いかに限られた年代層のなかで生活しているかがわかった」と授業後語ってくれた。今の時代、ふだんの生活のなかに乳幼児や高齢者と関わるのは、イベントぐらいだからとまどうのはあたりまえかもしれない。

そんな中で、「身を乗り出してパートナーの話に耳を傾けたり、相手に聞こえるように大きな声を出すなど医学科の仲間の姿をそばから見て、負けていられない。よい刺激になった」とつぶやく学生がいた。こうして、仲間から学んだり仲間のよさに気づけるのがこの授業の特徴でもある。施設の方から、「利用者の方と会話ができたかどうかより、あなたがいることで、利用者の方がどう安心していられるかが大切なのよ」とお話をいただき、あらためて会話するだけがコミュニケーションではないことに気づいていたようだった。

●Kくんの学習記録●
2回目。自分のことを覚えていてくださったので嬉しかった。今日はいろんなアルバムを見せてもらった。若い頃の写真や旦那さんの写真を見ながらいろんな話をした。笑顔で写っているパートナーを見ると嬉しくなった。しかし、余り覚えていらっしゃらないこともあるようだった。そして、自分自身が覚えていないと言うことに少し困惑気味だったように思えた。病気でそのようになっていくのはとてもつらいことだ。「帰ってもいいよ」と言われた仲間がいた。自分がそういわれたらどうすればいいかわからないだろう。精神的な強さも必要だと思った。

■3回目──2006年5月1日

3回目の交流となり、学生一人ひとりに関わりへの工夫が見られる。ある学生は、パートナーのペースや気分に合わせることを重視して、関わりをもとうとしている。肩をさすったりすると、いくらか安心されたのか、利用者の表情が穏やかになるような気がした。話が噛み合わなかったり、いきなり寝られたり、急に感情が高ぶったりするパートナーにも決してあきらめることなく寄り添っている学生を見て頼もしさを感じた。

なかには、パートナーさんの部屋に入るときに、ドアをノックせずに入ろうとして、注意されていた学生がいた。「利用者の部屋のドアをノックして入るなど常識的なことを忘れていた自分に反省です」と私につぶやく学生。すべてが貴重な体験だ。

施設担当者から、「なんとなくどなたの表情もやわらかだったように思いま

写真 3-28　身を乗り出して高齢者の話に耳を傾ける学生

す。学生さんの方から声をかけて近づいて行かれた人もいらっしゃいました。利用者の方もうれしそうにされていました。午前中、無表情、無反応だった利用者の方が学生さんが来られると、とても表情がよくなられ驚きました。職員では見られない表情が見られることもあり、新しい発見もできてよい交流だと思います」の声が届く。

●Kくんの学習記録●
　今日は利用者の似顔絵を描いた。パートナーの方は恥ずかしそうだったが、すごく笑っていらっしゃった。できあがると似顔絵を差し上げた。大切にして頂けたらうれしい。仲間の似顔絵も見ることができた。すごくうまい。仲間のよいところを見つけると、自分の気持ちがうれしくなるのに気づく。私が来ているときは、パートナーの方は笑顔が増えるらしい。施設の担当者にそんな話を伺うとすごくうれしくなった。今日の関わりで、「うれしい」という気持ちの大切さにあらためて気づかされた。自分が喜んでもらおうと相手に対して関わりをもつと、いずれ返ってくるかもしれない。私が帰るとき、涙を流された。

■4回目──2006年5月8日
　今日も学生より早く施設に出かけて担当者と交流についての話をしてから自転車でやってくる学生を玄関前で待つ。ある学生が、「施設に向かうとき、かわいらしい草が花を咲かせていたのを見て、パートナーの方に見せてあげたいと感じた。パートナーの方の存在が私の中でだんだん大切なものになっている」

写真3-29 表情も徐々にやわらかく

「交流先の施設に向かうとき、『よし！』とスイッチを切り替える自分がいる。僕たちが元気でないと利用者の方も心地よいと思えず、逆に元気を奪ってしまうかもしれない。とにかくよい関係がつくれたらとでかける前に気合いを入れる」など、学生のホスピタリティ・マインド（思いやりの心）への気づきも膨らんでいっている。

学生と利用者との関わりも、交流回数が増すごとに会話のなかで自然に「うなずき」「相づち」が増えている。1年次生のときに、聴くことの大切さを学ぶ「気づきの体験学習」で「うなずき」「相づち」は、相手に「きちんと聴いているよ。理解しているよ」という気持ちを伝える手段として大切なものの一つだということを学ぶ場があったが、このように人間関係体験を繰り返すなかであらためて深い気づきを得ているように思う。

●Kくんの学習記録●
午前中には無表情だったのに、自分が訪問すると「顔が和らぐ」と言っていただき、本当にうれしい。やっと、信頼関係が築けてきたところだが、もうすぐ交流が終わる。出会いと別れは必ずあるものだが、今回の別れは保育園の園児との交流よりつらく感じる。授業としての交流が終わっても、暇を見つけては遊びに出かけようと思う。

■5回目──2006年5月15日
いよいよお別れの日がやってきた。まだ、ヒューマン・コミュニケーション

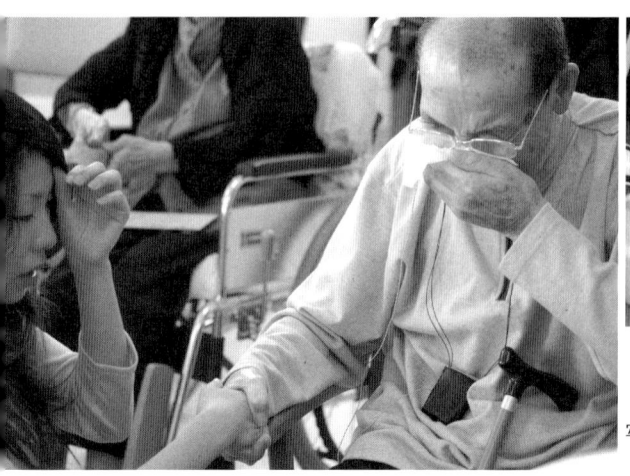

写真3-30　涙で別れを惜しむ高齢者と学生

　授業も試行錯誤の段階で本年度は5回のみの交流で終わってしまう（来年度からは8～10回の交流を計画中）。学生にお別れの際に渡す短冊を確認する。学生は短冊に交流での関わりを言葉にしてパートナーに手渡すのだ。

　交流が始まるとパートナーに御礼の言葉を添えながら短冊を手渡す学生。利用者は学生に合掌だ。パートナーの方が涙を流して別れを惜しみ激励してくださるのを目の当たりにする学生は、「こんなにも自分のことを気づかってくださるのか」と胸を熱くする。ある学生は、「出会えて本当によかったと言ってくださり、心からうれしいと感じた。自分を認めてくださったようで本当にうれしい」と役立ち感を実感する。

　交流後は、レストランに全員が集い一人ひとりが交流を振り返った。「〇〇さんが言われた『自分が相手に受け入れられなくても、相手のことをあたたかく見つめることの大切さ』という言葉です。私も自分が認められないからといって不満を言うのではなくて、その事実を受け入れて相手のことを思いやる気持ちを忘れずに生きていきたい」「交流中、手を握ると握り返してくださったり、私の言葉の一つひとつに喜んでくださり、人の喜ぶ姿を見るだけで自分がどれほど幸せな気持ちになれるのか実感した」など、レストラン内は学生の熱い思いで膨らんだ。

●Kくんの学習記録● ……………………………………………………………………
　交流が終わった。パートナーの方は、認知症の初期で物忘れがひどかったりして、とても不安になっていらっしゃった。そんな気持ちにもっと寄り添うことができたらと悔やまれるが、交流を通してすごく仲良くさせていただいた。本当に楽しかった。しかし、楽しかっただけでなくいろいろなことを学ばせてもらった。それは、自分について気づいたり仲間のことも。今回の交流授業で多くのことを学べたことに感謝したい。交流のお別れは涙を我慢して笑顔でパートナーと別れた。お元気でいてください。
……………………………………………………………………………………………………

2 ── 交流を終えて

(1) 学生の感想の変化

　学習記録から、交流を始めた頃の感想と、終える頃のものとを読み比べると、学生が高齢者との交流で何を感じ、何を学んだかを感じ取ることができる。

■交流当初

　これから、どうやってお互いの関係をつくっていけばいいだろうか。とても悩んでしまう。やはり、子どもには子どもの、年上には年上の接し方、関わり方があるんだなあ。(女子)

＊　　　　＊

　今回の交流で100回以上「帰っていいですよ」と言われた。どんな話をしても無駄だった。途中、出口まで連れて行かれ「お帰りなさってください」とまで言われ、本当にどうしようもない気持ちになった。職員の方に「がんばれ」と言われ、気持ちを入れ替えてがんばったが、それでも「帰っていいですよ」と言われ続け、悲しい気持ちになった。次の交流でも言われ続けるかと思うと胸が痛む。

(男子)

＊　　　　＊

　交流の帰りに、玄関で手をぎゅっと握りしめると、パートナーのおばあちゃんが、目にいっぱい涙を浮かべて私を見てくれていました。思わず私も泣きそうになった。(女子)

＊　　　　＊

　パートナーの方が、やさしく私を受け入れてくださり、さらに別れの際には「頑張ってね」と言葉をかけていただいて、気持ちが前向きになった。何か私にお返しできることはないだろうかと思った。(女子)

＊　　　　＊

　残りの交流、このままでいいのかなと思う。パートナーはすぐ怒るし、声をあ

げる。ときにはつばも。今日は「泣きたいわ」と。表情も暗くイライラしている感じで楽しそうでない。職員さんに対して思うことはあるが、その前に自分だ。何とかしてパートナーの方が楽しいと思える時間を少しでもつくりたい。(女子)

＊　　　　＊

パートナーとの会話もあまりないまま交流を終えた人に、「たいへんだね」と声をかけたら、「みんな同じくらいたいへんだから」と返事が返ってきた。ひたむきで謙虚な姿勢を見習いたい。(女子)

■交流を終える頃

最後のお別れのとき、パートナーの方が涙を流して別れを惜しみ激励してくださったのを見て、ふだんとは異なる表情に驚くと同時に、こんなにも私のことを気遣ってくださるのかと胸が熱くなった。私と話していてとても楽しかったし、出会えて本当によかったと言ってくださり、心からうれしいと感じた。自分を認めてくださったようで本当にうれしい。(女子)

＊　　　　＊

この交流授業で、パートナーさんの歴史の深さや重さを実感として感じることができ、高齢者の方に対する「尊敬の念がわき上がってきた」というのが、私にとって大きなことでした。頭でわかっていても実際に体験しないとわからなかったことでした。施設の方にはご迷惑をおかけしたと思いましたが、人の心を思いやれる人間、医師になることで恩返しができたらと思います。(女子)

＊　　　　＊

1回目の交流では、それなりにこなすことができたので、「次からは大丈夫だ」と思ってしまった自分が甘かった。いろいろな気持ちが交錯してうまく言葉で表現できないが、苦しくて不安で嫌でたまらなかったのがいちばん強い気持ちだったかもしれない。この交流で成長できたかどうかはわからないが、こんなことがあるということを知れただけでもよかった。(男子)

＊　　　　＊

最後まで試行錯誤だった。もっと自分に引き出しがあって、より相手に合ったコミュニケーションがとれたらと思うばかりだった。これから5年間、しっかりと将来を見据えて力をつけていきたい。みんなの感想を聴いていて、よいクラスメイトに恵まれたなあと思った。人の可能性とおもしろさを感じた。(女子)

＊　　　　＊

医者になるにあたって大切なことに「いかにして患者さんを安心させることができるか」があげられると自分は考える。今回の交流でパートナーの方にいかに安心感を与えることができたか、はっきりと確信できるわけではないが、ただ、今回の交流で改善すべき点など自分なりに克服した。少しでもパートナーの心のなかに自分の姿が残せたようなので、次のステップに進みたい。(男子)

(2) 施設担当者からのメッセージ

　施設利用者との交流に対して、施設や職員の方からは並々ならぬ配慮をいただいたが、交流を終えての施設担当者の感想をいくつか紹介する。

■利用者にとってプラスになったこと

　日常と異なる体験をすることが張り合いや楽しみにつながり、よい刺激になった。

　　　　　　＊　　　　　　＊

　日頃、ゆっくりと利用者さんに関わることができない現実があり、この交流が利用者さんにとって自分を受けとめてもらっているという安心感で、ほとんどの利用者さんがよい表情をしていらっしゃった。

■自身にとってプラスになったこと

　日々のケアにおいて個々のペース、利用者本位のケアを心がけているが、どうしても業務に流されてマンネリ化した部分も出てくる。そんななかで、この交流で医学生さんと利用者さんとのマンツーマンの関わりを通して、その時間に利用者さんの表情の変化（笑顔）を見ることで、一人ひとりを受け入れること、利用者の思いを知るということが日々のケアにおいていかに大切なことかあらためて学べたと思いました。

　　　　　　＊　　　　　　＊

　日常業務に追われる毎日のなかで、医学生さんが真剣に利用者と向き合い、信頼を得ようとされている姿を見て自分たちのふだんのケアを振り返ることができた。

■全体の感想

　会話がない人に対しての２時間あまりの交流時間は、とても苦痛な試練の時間だったと思います。そのなかで手を握りあたたかいまなざしを一心に向けてくださったことに対してとても感謝しています。１回目の実習終了後に突然亡くなられたある利用者の方がいらっしゃいました。２回目の交流前に配布された授業記録に、その利用者の方と学生さんとの交流の写真が偶然にも掲載されているのを見て涙が流れました。あたたかいまなざしの学生さんを前にはにかんでいらっしゃるような写真を見ながら思いをはせました。

　人は誰でも亡くなりますが、ほんのひとときでも関わりのなかで楽しかったと自分の存在を認めてもらえたと思えるような関わりができるよう私たち職員も頑張っていこうと再認識しました。

　　　　　　＊　　　　　　＊

　今回の交流を受け入れる際に、はじめての取り組みのためどのように対応してよいのか不安もありました。しかし、終えてみると多くの感動や気づきや学びが

あり、医学生さんにとっても本当によい時間であったと思いました。また、私たち職員にとっても別な視点で利用者を見るよい機会となり勉強になりました。ありがとうございました。

(3) 試行錯誤の段階にある高齢者との交流

　医学科2年次生が学ぶ「ヒューマン・コミュニケーション2」の授業の核でもある高齢者施設の利用者との交流授業は、まだ試行錯誤の段階で、関わりも5回と少ない。2007年度から、8～10回という継続的な交流を検討中であり、現段階では分析もまだ十分ではないので、本書では以上の報告にとどめたい。

付表 3-1　2006 年度鳥取大学医学部医学科 1 年次生の授業計画
［前　　期］

週	授業内容	自己学習内容
第1週 4/11 (火)	□アンケート 　エゴグラム、自己肯定感やコミュニケーション能力を支援する学習、交流などについて。 □自分を認めてほしい（お話） □一方通行（気づきの体験学習 1） 　（ねらい）みんないろいろ。 □出会いのきっかけ 　（ねらい）お互いを知る。 □アイスビルド（気づきの体験学習 2） 　（ねらい）心を開き人が出会い関わり合うことの大切さを学ぶために、その逆をすることが関わり合いの促進になることを学ぶ。 □思いこみ（気づきの体験学習 3） 　（ねらい）私たちが無意識のうちにもっている「思いこみ」や「先入観」とはどんなものか、実際の体験から考えてみよう。 □自己開示「自分を知る、あなたにインタビュー、本物はどれだ」（気づきの体験学習 4） 　（ねらい）①自分の考えや気持ちを知る。 　②仲間とより深く知り合う。 ■交流実習（保育園児との交流） 〈保育園児との交流準備〉 　（ねらい）パートナーに想いを寄せながら、交流がスムーズに行われるための準備（パートナー希望年齢アンケート）を行う。	□自分への手紙（学んだことをふりかえり 1 年後の自分にあてた手紙を書く） ・自分と向き合ってみよう。（第 1 週から第 30 週まで毎回学習記録を提出）
第2週 4/18 (火)	□あなたにインタビュー（気づきの体験学習 5） 　（ねらい）お互いのことを知り合う。 □あなたが言われたことは（気づきの体験学習 6） 　（ねらい）相手の考えを聴き取るスキルを身につける。 □人の話を聴く「聞くと聴く」（気づきの体験学習 7） 　（ねらい）聴くことの大切さを学ぶ。 ■交流実習（保育園児との交流） 〈保育園児との交流準備〉 　（ねらい）パートナーに想いを寄せながら、交流がスムーズに行われるための準備（パートナー決定）を行う。	・今までの自分の聴き方についてまとめてみよう。また、これから、人の話を聴くときは、どんなことに心がけたいかまとめてみよう。

第3週 4/25 （火）	□あなたにインタビュー（気づきの体験学習8） （ねらい）お互いのことを知り合う。 □図形作りにチャレンジ（気づきの体験学習9） （ねらい）①力を合わせることの意味や大切さについて学ぶ。 ②言葉が使えない状況のなかで、自分や他者の感情の動きなどについて学ぶ。 ■交流実習（保育園児との交流） 〈保育園児との交流準備〉 （ねらい）パートナーに想いを寄せながら、交流がスムーズに行われるための準備（パートナーへのメッセージシート、ネームカード作成など）を行う。	・相手のことを自分のこととして考えたり、自分勝手なふるまいについてまとめてみよう。 ・継続的な園児との交流を前にして、心を開き人が出会い関わり合うことの大切さについて考えをまとめてみよう。 ・園児へのメッセージシートやネームカードなど未提出の者は、次回の授業までに作成する。
第4週 5/2 （火）	□あなたにインタビュー（気づきの体験学習10） （ねらい）お互いのことを知り合う。 □二人で散歩（気づきの体験学習11） （ねらい）相手の気持ちや考えを理解しながら、相手のために行動することを体験的に学ぶ。 ■交流実習（保育園児との交流） 〈保育士さんからのメッセージ〉 （ねらい）交流先の保育士の方から保育園のようすや交流内容を伺い、交流への理解を深める。 〈保育園児との交流準備〉 （ねらい）パートナーに思いを寄せながら、交流がスムーズに行われるための最終準備（ネームカード作成、諸注意など最終確認）を行う。	・コミュニケーション（お互いの気持ちや考えをわかり合うこと）を阻害する要因や促進する要因についてまとめてみよう。 ・継続的な園児との交流を来週に控えて、心を開き人が出会い関わり合うことの大切さについてあらためて考えをまとめてみよう。
第5週 5/9 （火）	■交流実習（保育園児との交流体験1回目） （ねらい）人と関わるには相手の心のありようを想像し、相手の心に添った行動をすることが大切である。ふだんの生活場面で関わりの少なくなった乳幼児とよい人間関係を築くにはどうコミュニケーションをとったらよいかを学ぶ。また、パートナーとの関係から「役立ち感」や自己肯定感を育んだり、医学科に学ぶ仲間のよさを再認識する一助としたい。 ○保育内容→対面式、ふれあい遊び	・相手のことを自分のこととして考え関わることや役立ち感、自己肯定感について考え、まとめてみよう。 ・交流体験をふりかえり、次回の関わりをよりよいものにするためには、パートナーの気持ちを、どのように汲み取ったらいいのか考えてみよう。 （交流開始から終了まで毎回、実習レポートを提出）

第6週 5/16 (火)	■交流実習（保育園児との交流体験2回目） （ねらい）同上 ○保育内容→散歩（バラ園など）、園庭の遊びなど（※雨天は、コーナー遊びなど）	・同上
第7週 5/23 (火)	■交流実習（保育園児との交流体験3回目） （ねらい）同上 ○保育内容→散歩（バラ園など）、園庭の遊びなど	・同上
第8週 6/6 (火)	■交流実習（保育園児との交流体験4回目） （ねらい）同上 ○保育内容→散歩（バラ園など）、園庭の遊びなど	・同上
第9週 6/13 (火)	■交流実習（保育園児との交流体験5回目） （ねらい）同上 ○保育内容→散歩（バラ園など）、園庭の遊びなど	・同上
第10週 6/20 (火)	■交流実習（保育園児との交流体験6回目） （ねらい）同上 ○保育内容→散歩（バラ園など）、園庭の遊びなど	・同上
第11週 6/27 (火)	■交流実習（保育園児との交流体験7回目） （ねらい）同上 ○保育内容→散歩（バラ園など）、園庭の遊びなど	・同上
第12週 7/4 (火)	■交流実習（保育園児との交流体験8回目） （ねらい）同上 ○保育内容→プール遊び、水遊び、ふれあい遊びなど	・同上
第13週 7/11 (火)	■交流実習（保育園児との交流体験9回目） （ねらい）同上 ○保育内容→プール遊び、水遊び、ふれあい遊びなど	・同上
第14週 7/18 (火)	■交流実習（保育園児との交流体験10回目） （ねらい）同上 ○保育内容→プール遊び、水遊び、ふれあい遊びなど	・同上

週	授業内容	自己学習内容
第15週 7/25 (火)	■交流実習（保育園児との前期交流のふりかえり・わかちあい） （ねらい）交流体験から気づいたこと学んだことをまとめてみよう。 □あなたにインタビュー（気づきの体験学習12） （ねらい）お互いのことを知り合う。 □私のやりたいこと（気づきの体験学習13） （ねらい）これからの自分のやりたいことを明確にしてみる。 □私との約束（気づきの体験学習14） （ねらい）これからの自分のやりたいことに向かってどのように生きていくかを考えてみる。 □プレゼント・フォー・ユー（気づきの体験学習15） （ねらい）①相手の願っているものを的確に提供する。 ②他者への観察眼と洞察力を磨く。	・自分の目標・夢について考えてみよう。 ・集団のなかでの自分の行動が、他の学生にどのように見られ影響を与えていたか考えまとめてみよう。 ・10回の継続的な園児との交流体験を通して、人間力としてのコミュニケーション力（受容力、共感的理解力、プレゼンテーション力）や実践力（行動力、リーダーシップ、経験力）、気力（バイタリティ、チャレンジ精神）や医学科の仲間への再認識、役立ち感、自己肯定感についてあらためてまとめてみよう。

[後　期]

週	授業内容	自己学習内容
第16週 10/3 (火)	□あなたにインタビュー（気づきの体験学習16） （ねらい）お互いのことを知り合う。 □ホスピタリティの実際（気づきの体験学習17） （ねらい）自分にとってのホスピタリティを発表し合うなかで、生きる意味、幸福とは何かを考える一助とする。	・自己肯定感・自尊感情についてまとめてみよう。
第17週 10/10 (火)	□映画視聴（パッチ・アダムス） （ねらい）医師を志す学生として、パッチ・アダムスの生き方を今後の目標を考える一助とする。 □人はみな違う考えや気持ちで立っている（気づきの体験学習18） （ねらい）コミュニケーションとは、お互いの考えや気持ちをわかり合うこと。	・パッチ・アダムスは、どのようにして患者の心を開いていったのだろうか。考えてみよう。 ・今日の体験学習でのコミュニケーションについて考えてみよう。
第18週 10/17 (火)	□私のこうありたい姿勢（気づきの体験学習19） （ねらい）組織で働く人の「こうありたい姿勢」を検討する。	・やる気と対人関係への姿勢、目標達成への姿勢を考えてみよう。

第19週 10/24 (火)	□あなたが言われたことは（気づきの体験学習20） （ねらい）相手の考えを聴き取るスキルを身につける。 ■交流実習（保育園児との交流体験） 〈保育園児との交流準備〉 （ねらい）パートナーに想いを寄せながら、交流がスムーズに行われるための準備（クラフト作成、諸注意）など最終確認を行う。	・価値観について考えてみよう。 ・継続的な園児との交流が再び始まるが、心を開き人が出会い関わり合うことの大切さについてあらためて考えをまとめてみよう。
第20週 11/7 (火)	■交流実習（保育園児との交流体験11回目） （ねらい）同上 ○保育内容→木工遊び、園庭での遊び、農道散歩など ※雨天は、コーナー遊び、リズム遊びなど	・交流体験をふりかえり、次回の関わりをよりよいものにするためには、パートナーの気持ちを、どのように汲み取ったらいいのか考えてみよう。 （園児との交流開始から終了まで、毎回実習レポートを提出）
第21週 11/14 (火)	■交流実習（保育園児との交流体験12回目） （ねらい）同上 ○保育内容→木工遊び、園庭での遊び、農道散歩など	・同上
第22週 11/21 (火)	■交流実習（保育園児との交流体験13回目） （ねらい）同上 ○保育内容→木工遊び、園庭での遊び、農道散歩など	・同上
第23週 11/28 (火)	■交流実習（保育園児との交流体験14回目） （ねらい）同上 ○保育内容→木工遊び、園庭での遊び、農道散歩など	・同上
第24週 12/5 (火)	■交流実習（保育園児との交流体験15回目） （ねらい）同上 ○保育内容→木工遊び、園庭での遊び、農道散歩など	・同上
第25週 12/12 (火)	■交流実習（保育園児との交流体験16回目） （ねらい）同上 ○保育内容→木工遊び、園庭での遊び、農道散歩など	・同上

第26週 12/19 (火)	■交流実習（保育園児との交流体験17回目） （ねらい）同上 ○保育内容→木工遊び、園庭での遊び、農道散歩など	・同上
第27週 1/16 (火)	■交流実習（保育園児との交流体験18回目） （ねらい）同上 ○保育内容→木工遊び、園庭での遊び、農道散歩など（※雨天は、正月遊び）	・同上
第28週 1/23 (火)	■交流実習（保育園児との交流体験19回目） （ねらい）同上 ○保育内容→木工遊び、園庭での遊び、農道散歩など	・同上
第29週 1/30 (火)	■交流実習（保育園児との交流体験20回目） （ねらい）同上 ○保育内容→木工遊び、園庭での遊び、農道散歩など	・同上 ・「励ましの手紙」の下書き（1年間の学習を終えて、自分に向けて「励ましの手紙」を書くことで、自分を見つめながら激励する）
第30週 2/6 (火)	■交流実習（保育園児との前期交流のふりかえり・わかちあい） （ねらい）交流体験から気づいたこと学んだことをまとめてみよう。 □励ましの手紙（気づきの体験学習21） （ねらい）話す側も聴く側も心を開くことで、お互いが受け入れられる心地よさを実感する。 □プレゼント・フォー・ユー（気づきの体験学習22） （ねらい）①相手の願っているものを的確に提供する。 ②他者への観察眼と洞察力を磨く。 □アンケート エゴグラム、自己肯定感やコミュニケーション能力を支援する学習、交流などについて。	・集団のなかでの自分の行動が、他の学生にどのように見られ影響を与えていたか考えまとめてみよう。 ・20回の継続的な園児との交流体験を通して、人間力としてのコミュニケーション力（受容力、共感的理解力、プレゼンテーション力）や実践力（行動力、リーダーシップ、経験力）、気力（バイタリティ、チャレンジ精神）や医学科の仲間への再認識、役立ち感、自己肯定感についてあらためてまとめてみよう。

付表3-2　鳥取大学医学部「ヒューマン・コミュニケーション1」の指導案

授業担当者：鳥取大学医学部教育支援室（助教授　高塚　人志）

1. 日　　時：2006年5月9日㈫1～2限（8：50～12：00）
2. 場　　所：松保保育園（鳥取市内）
3. 対　　象：医学科1年次生75名
4. 題　　材：保育園園児との交流
5. ねらい：人と関わるには、相手の心のありようを想像し相手の心に添った行動をすることが大切である。つまり、パートナーとの交流では、パートナーがどうしたら喜んでくれるかを真剣に考えながら接することが求められる（ホスピタリティ・マインドへの気づき）。心のこもった交流をすることで、園児たちは「うれしい」という満足感を抱く。同様に、学生たちは園児との関わりのなかで喜ばれたり、大切にされることで「役立ち感」を実感し「自己肯定感」を育むことで、安心感と充実感で気持ちがいっぱいになる。自分を好きになり「生きていてうれしい」という気持ちを実感することで、学生たちに大きな自信が生まれ、より意欲的な生活を営んだり、仲間にも温かいまなざしを向けることができるようになる一助とする（こうした連鎖ができてくると、コミュニケーションはさらによくなり人間関係は膨らんでいく）。
6. 準　　備：学習記録シート、自己学習シート、筆記用具、エプロン、着替え

時間	指導内容	学習内容	指導上の留意点
180分 休憩 10分	松保保育園の玄関にて挨拶 出席確認と服装確認（遊戯室） 本日の授業のねらいの説明 諸連絡 ご対面 園長からのお話、園児や担当の保育士などの紹介 学生などの挨拶 園児との交流 ふりかえり 園児とさよなら ふりかえり 学習記録配布 次週の連絡とまとめ 挨拶	・元気よく挨拶し返事をする。 ・玄関で各自が挨拶した後、園内に入る。 ・身だしなみ（長い髪は整えたり、エプロンなど着用）を整える。 ・学習内容を知る。 ・園児と医学生が対面する。 ・園長先生などの話を自分のこととして聴く。 ・ネームカードをパートナーにつけ、それぞれのパートナーのクラスに分かれて交流開始。 ・0歳、1歳、2歳、3歳、5歳とそれぞれ担当のクラスの生活に合わせて、パートナーに寄り添いながら交流する。 ・園児との関わりのふりかえりをする。 ・握手と抱っこでお別れ ・本日の学習をふりかえり学習記録をまとめる。 ・次週の交流内容を知るとともに感想を述べる。 ・お互いに向き合い、挨拶を交わす。	・学生の体調や意欲を把握する。 ・服装や爪など身だしなみが整っているか確認する。 ・私語を慎み傾聴するよう支援。 ・挨拶や靴の整理整頓の確認を怠らない。 ・安全面に留意して関わるよう支援する。 ・一人ひとりがパートナーに寄り添う。 ・相手のことを自分のこととして考え行動するよう支援する。 ・保育士さんからもよかったこと、次回の交流で気をつけることの言葉をいただく。 ・必ず「また来るね」と挨拶して帰ることを確認する。 ・次回の授業に提出する。 ・数人の学生から授業の感想を聴く。 ・姿勢を正し、お互いの顔を見て。

付表 3-3　鳥取大学医学部「ヒューマン・コミュニケーション 1」の指導案

授業担当者：鳥取大学医学部教育支援室（助教授　高塚　人志）

1. 日　　時：2007 年 2 月 6 日㈫ 1 〜 2 限（8：50 〜 12：00）
2. 場　　所：松保保育園（鳥取市内）
3. 対　　象：医学科 1 年次生 75 名
4. 題　　材：園児との交流のふりかえり、励ましの手紙（気づきの体験学習）、プレゼント・フォー・ユー、アンケート
5. ねらい：①1 年間の授業（気づきの体験学習、乳幼児との交流）を通して、自分が気づいたこと、学んだことだけでなく、仲間から見た自分を知ることで、自己成長のきっかけとする。
　　　　　②1 年間の「ヒューマン・コミュニケーション 1」授業を終えて、自分自身に向けて「励ましの手紙」を書くことで、自分を見つめながら激励する。
　　　　　③話す側も聴く側も心を開くことで、お互いが受け入れられる快感を実感する。
　　　　　④相手の願っているものを的確に提供することで、他者への観察眼と洞察力を磨く。
6. 準　　備：「励ましの手紙」シート、アンケートシート、筆記用具、マイク、CD プレーヤー、長机

時間	指導内容	学習内容	指導上の留意点
180 分 休憩 10 分	学生を松保保育園の玄関などで迎える 松保保育園の遊戯室にて挨拶と出席確認	・玄関で各自が挨拶した後、園内に入り遊戯室で待機する。 ・元気よく挨拶し返事をする。	・挨拶や靴の整理整頓。 ・学生の体調や意欲を把握する。
	服装確認	・身だしなみを整える。	・服装や爪など身だしなみが整っているか確認する。
	本日の授業内容やねらいの説明 諸連絡	・学習内容を知る。	・私語を慎み傾聴するよう支援。
	コミュニケーション授業のふりかえり	・1 年間のコミュニケーション授業をふりかえり整理する。 ・1 年前に自分が自分にあてた手紙を黙読する。	・聴き手のありようで、話し手が気持ちよく話せることを助言する。 ・気づいたことなどを一言述べるよう助言。
	「自分への手紙」配布 学生と園児との交流のふりかえり	・保育園側より交流でお世話になった園長、各クラス担当保育士の交流で気づいたこと感じたことを聴く。	・私語を慎み傾聴するよう支援。
	「励ましの手紙」発表	・一人ずつ自分にあてた「励ましの手紙」を読む。	
	プレゼント・フォー・ユー	・一人ずつ授業の感想と右隣の人に言葉のプレゼントを届ける。	・心を込めてお別れの関わりを支援する。
	参加者からのメッセージ	・授業見学者（大学関係者や保護者）の感想に耳を傾ける。	
	まとめ アンケート配布 園児にメッセージシートを手渡す 学生から園児や保育園の関係者にお別れ 学習記録配布 2 年次生の「ヒューマン・コミュニケーション」授業の連絡	・1 年間の授業のまとめ ・アンケート記入 ・園児と出会い、お別れのメッセージシートを渡す。 ・園児や保育園関係者にお礼のメッセージとさよならの挨拶を届ける。 ・2 年次生からの授業内容を知る。	・一人ひとりが、最後のお別れができるように支援する。
	挨拶	・お互いに向き合い、挨拶を交わす。	・姿勢を正し、お互いの顔を見て。

エピローグ

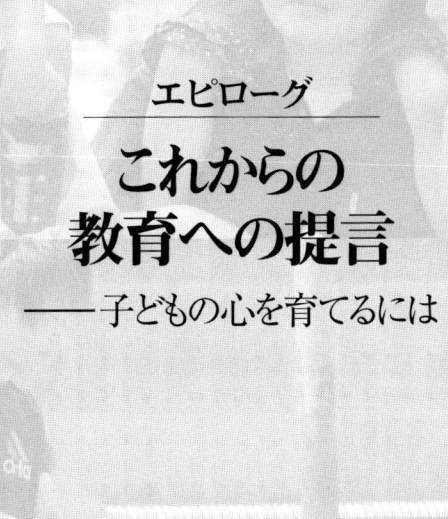

これからの教育への提言
―― 子どもの心を育てるには

エピローグ これからの教育への提言

1——他人と関わるのが苦手な大学生

「大学生にもなって人間性・人間関係教育が必要なのですか」という質問をよく受ける。確かに、本書で紹介するような教育は本来、家庭や地域あるいは初等・中等教育のなかで行われるのが理想だ。しかし、現実には、赤碕高校のような取り組みは、ごく限られたところでしか行われていない。大学教育の場でもこうした取り組みが必要なことは、2005年から関わっている学生たちのアンケートや授業の反響からもわかる。

下記は、全学共通科目「人として（すてきなあなたになるために）」という鳥取大学に学ぶ一般学生を対象にしたコミュニケーション授業の受講者に行ったアンケート（実施日は、授業開始日の2005年10月5日と授業終了日の2006年2月1日で28名が回答）である。

アンケートから、「他人と関わることが苦手」と回答した学生は33.5％、「挨拶や自己紹介が苦手」と回答した学生は50.0％、「相手と目線をあわせ温かいまなざしで応対できる」と回答した学生は14.0％など、驚くような数字が並ぶ。さまざまな調査でも指摘されている自信のなさ、自分を肯定できない、他人との関わりが苦手など、気にする学生が目立つのだ。

2——他大学医学部医学科、研修医、病院職員研修などで注目

実は、この一般学生などへの「気づきの体験学習」の内容は、他の大学医学部医学科の学生、医師、研修医、看護師、事務職員、介護、一般企業などを対象にしたコミュニケーション研修で行う内容と同様なプログラムであり、参加者からまずまずの評価を受けている。

たとえば、2006年5月、東京医科歯科大学医学部医学科2年次生にコミュニケーション授業を担当することになったが、「そばにいる人から喜ばれる喜び」の話に始まり、「聴くことの大切さ」を中心に3時間の関わりをもった。

たったの3時間だが、66名の学生は、ポストアンケートに以下のように答えている。

①「今日の授業で気づいたこと、感じたこと」

　「ふだん何気なく行っているコミュニケーションにもいろいろな側面があり気づかされた点は非常に多かった。たとえば、『話し手』と『聴き手』になってやりとりをする演習では、コミュニケーションにおいて『聴き手』のようすによって話し手がどう思うか、『話し手』のようすによって『聴き手』がどう思うかについて気づかされた。『話し手』が快く思うような『聴き手』になり、『聴き手』が快く思うような話し手になるように努力する必要があると感じた。医師になる上でコミュニケーション能力は非常に大切なので、今回の授業で身につけたことをどんどん生かしていきたい。」

　「目を見るということってすごいなあと感じた。ふだん話しているときは、自分が話す相手の話を聴くという行為に意識が向いてしまって、相手の目の奥まで診るように相手の目を見ることはない。今回、相手の目の奥まで診るようにして、相手のことを考えようとしたらいつもと違うように相手が見えてきたし、相手との距離が縮んだように感じた。つまり、相手のことをよく考えられたのではないかと思う。ふだんのコミュニケーションでは、このことを怠りがちになることがある気がする。少しずつでも常に相手のことを考え、相手の奥の心理、偏見から抜け出した相手を診ようとすることは大切なことだと思った。」

②「今日の授業はあなたにとって役に立ちましたか」

　「大変役に立った」34名、「役に立った」25名、「あまりない」7名、「全く役に立たない」0名と9割の学生が役に立ったと回答している。

　さらに、「機会があれば、続く『他者を思いやる』『人との向きあい』といったテーマのコミュニケーション実習を行ってみたいですか」の問いでは、「是非行いたい」21名、「できれば行いたい」34名、「できれば行いたくない」8名、「行いたくない」3名という結果で、学生の8割が私のコミュニケーション授業を期待していることがわかる。

　2006年4月から、ホスピタリティ・マインド（思いやりの心）を身につけようと鳥取大学医学部附属病院職員を対象にホスピタリティ向上研修会が始まった。「I am OK, You are OK」の精神でもてなし合う相互の人間関係を基調とした人間観などを学ぶ。研修は月に1回、同じ職員が計5回のプログラ

ム（聴き方を学ぶ、ホスピタリティ、思いやり、相手の立場に立って行動する、やる気）を体験する。

　参加者の一人である医師は、「最初は、びっくりした。しかし、体験学習をやってみるといろいろなことに気づいた。『自分はやらなくても大丈夫』と思っている人ほど、やったほうがよいと思った。研修を５回連続受講して、妻や子どもに『ありがとう』という言葉を届けるように心がけているし、子どもや自分より若い医師に否定的な言葉を届けないようにしていこうと考えている」と受講後のアンケートに綴っている。

　このように、人にとってあたりまえの人間関係を学びつくる場を意識的に提供することが、ひたすら自分と向き合い、自分を見つめ、今の自分自身の人間関係を見直し、どのような人間関係をつくっていくのかを考える一助になっている。

3――医師を目指す学生

　鳥取大学医学部医学科の１年次生は、「基礎編」のコミュニケーション力を高める「気づきの体験学習」で気づき学んだことを「実践編」でより深く体験的に理解する学習方法をとっているが、これは学生の心を大きく揺さぶったようである。学生たちの多くは、「医者になる」という同じ志を持った集団だ。そこが、卒業後多くの進路に分かれる赤磐高校とは違うところだ。同じ志を持った集団は、共感し合い、励まし合い、競い合い、高め合う関係になれる。

　しかし、長年、スポーツの指導をしてきた経験から言うと、下手をすると足の引っ張り合いになるおそれもある。しかし、鳥取大学で実践する「ヒューマン・コミュニケーション」の授業は、共感し合い、励まし合い、競い合い、高め合う仲間をつくる一助にもなるだろうし、そんな関係を経験した学生は、チームとしての医療を意識するかもしれない。赤磐高校での実践とはまた別の視点で、いろいろ可能性を感じることができた授業だった。

　今の子どもたちに、「貧乏」や「不便」ということを、自然に経験させることはできない。また、昔の手伝い体験など、家庭労働に従事させることも期待できない。そんななかで鳥取大学が実践している「ヒューマン・コミュニケー

写真4-1　温かいまなざしを向けることで人と自分が好きになっていく

ション」授業は、人としての生き方をはじめ、人としてあたりまえのコミュニケーション・スキルを大学のキャンパス内で高め、乳幼児や高齢者施設利用者との交流で、簡単に共感したり、同調したりできない「不便さ」を経験することが学生たちを育ててくれているように感じる。そして、それを引き出してくれるのが乳幼児や高齢者の「笑顔」である（写真4-1）。お金よりも勉強よりも、人の笑顔には人を変える力がある。ホスピタリティ・マインド（思いやりの心）への気づきと「役立ち感」を実感した学生は、瞳を輝かせ意欲的な学生生活を送ることになる。

　ある学生が、「もともと、私は、人と話すのは嫌いで小さな子どもたちは無条件に嫌がっていたが、今回の実習で、大きく変わった。このような交流実習が、一度もないまま医師として社会に放り出されることを想像したら、身が震える思いだ。この授業で先生や園児たちから学んだことはかけがえのないものであり、生涯にわたり生かされていくだろう」と語ったように、医師の卵たちは、貴重な体験を積んだと思われる。とくにそれを引き出した乳幼児には「魔法の力がある」と感じずにはいられない。やはり、人を育てるのは人間なのだと確信している。

　ところが、現代は高校時代までほとんどの若者が、乳幼児や高齢者などと接する体験がない。そして、そのまま医師や看護師、保健士、保育士、教師にな

る。将来、豊かな人間関係の構築に大切な役割を果たすことを目指す人たちが学ぶ教育現場で、人間性・人間関係やコミュニケーション教育を学ぶことが必要な時代といえる。このような将来の人間形成の一助になる教育プログラムを、できることなら医師の卵だけでなく、看護師、保健士、教師、保育士の卵たち、そして、世に出て行く多くの若者たちが経験できるようにし、このような学習を通して命の輝きを取り戻して欲しいと考えている。

　ただ、学生のなかには「私たちは頭がいい」「コミュニケーション力はすでに身につけていて、大学で学ぶ必要はない」などと口にする学生もいて、とまどいや葛藤をぶつけてきた学生もいた。彼らが口にする「頭がいい」とは、IQ（Intelligence Quotient：知能指数）や学習成績のことなのだろうか。はたして、学習成績がよくてIQが高ければ、人間的にも問題がないと言えるのだろうか。人は一人では生きていけない。自尊感情をはじめ自分以外の人との人間関係のありようが何よりも生きていくうえでは大切だ。とりわけ、今の時代にあって、これだけ社会が複雑になるとなおさらのことだ。「I am OK, You are OK」の精神で、もてなし合う相互の人間関係を基調とした人間観などのホスピタリティ・マインド（思いやりの心）を身につける学習は、必ずや将来にわたって役に立つと信じている。

4──少子化対策・虐待予防

　2006年7月、鳥取大学で学ぶ学生の乳幼児との関わりの実態を知るために1年生にアンケートを実施した（465名が回答）。赤ちゃんや幼児との関わり体験について尋ねた問いに対しては、「赤ちゃんとほとんど接したことがない」と回答した学生は、38.2％と、およそ4割を占めた（付録「資料3」参照）。

　「家庭教育に関する国際比較調査」（㈶日本女性学習財団、平成17年）によると、「日本の親は親になる前に子どもの世話をする経験が少なく、本に頼りがちで親になるための経験や学習をせず、経験が浅い人が親になっていると考えられる」という。今の時代、出生率低下に加え、子育てへの不安や、子どもが泣きやまず寝られないためにイライラして乳児を殴って大怪我を負わせるなどの虐待も後を絶たない。

よって、すべての子どもたちが親や大人になることを考えると、初等・中等教育の現場で、早期にすべての子どもたちが赤ちゃんや幼児と継続的な関わり体験をすることが、人間関係の基本を学ぶことをはじめ、ホスピタリティ・マインド（思いやりの心）への気づき、いのちへの畏敬、親への感謝、役立ち感、自己肯定感、コミュニケーション力を育むことにつながる。そして、それが子育て支援や次世代育成、虐待予防にもつながると考えられる。

5——日本が変わる

　この取り組みができる限り早期に学校現場で行われることで日本は確実に変わるはずだ。この学びを体験した子どもたちが社会に飛び出すときは、一人ひとりが自分に自信をもって瞳を輝かせ夢を追う。そして、職場では相手の立場に立って行動し、助け合ったり、励まし合ったりする人が増えることで、人間関係でストレスなどを感じることも激減し安心感が職場に漂うようになるはずである。そして、つながりを実感する人が増せば自殺者も自然と減少するだろう。地域では自分勝手な人は少なくなり、多くの人が地域の祭事や行事に参画するようになり地域も活気づく。

　これまで紹介した「ヒューマン・コミュニケーション授業」は、大学生にすら大きな衝撃として受け入れられた実践だから、小・中・高等学校で行えば、その効果は測り知れないはずだ。赤碕高校や鳥取大学の取り組みが全国の教育現場に広がれば、今日の教育現場における諸問題を解決するための一助になり、10年後の子育ては大きく変化する。子どもたちの将来を明るくし、次の親世代の子育てを変え、健全な次世代育成につながる。地域や職場も人との関係性が深まり、活気あるものとなる。日本の国が今以上に思いやりのある温かい国になる。日本が変わるのだ。

　臨床の第一線で子どもたちの心の問題を扱うことが多くなってきた全国の小児科医も、この取り組みを注目し始めたところである。医学部での乳幼児や高齢者との継続的な交流は全国的にも珍しい。学生たちが、地域で乳幼児や保育士、高齢者、施設担当者から人間的に成長させてもらう。そして、豊かな人間性を備えた医師になって地域に還元し貢献する。

エピローグ これからの教育への提言

　医師の人間性・人間関係教育を求める声が全国的に高まるなかで、私が担当する人間力を育む学習プログラムが、患者さんの心や痛み、喜びに寄り添える医師を育てる一助になればと願っている。今後、鳥取大学の取り組みが日本の教育現場に拡がることを期待してさらに実践を積み重ねていきたいと思っている。

■参考文献一覧

『ジャミックジャーナル』日本医療情報センター、2005.10
『新グループワーク・トレーニング』㈶日本レクリエーション協会監修、遊戯社、1995.12
『写真と文で綴るいじめのない子どもたちの世界』横山正幸、北大路書房、1998.5
ヒューマン・リレーション・センター、三宝裕の教材より
『クリエイティブOD 第5巻』柳原光、プレスタイム、2003.12
『TRY! こみゅにけーしょん』大澤邦雄、プレスタイム、2005.7
『楽しいをつくる』福岡市レクリエーション協会編集・発行、2001.9
『佐藤靖典氏　ホスピタリテイ研修』より
『三好良子氏　ホスピタリテイ研修』より
『ホスピタリティ・トレーニング』宇田川光雄、遊戯社、2002.5
『GWTのすすめ』日本グループワーク・トレーニング協会監修、和田芳治・園田碩哉編集、遊戯社 2003.4
『自分を伸ばす「実践」コーチング』藤田完二・高橋慶治・木村孝、ダイヤモンド社
『人間関係トレーニング』南山短期大学人間関係科監修、津村俊充・山口真人編、ナカニシヤ出版、1992.9
『認められたい』太田肇、日本経済新聞社、2005.6
『NQ 人間を幸せにする「思いやり指数」』キム・ムゴン、ソフトバンクパブリッシング、2004.5
『人間交流術入門』田中一裕・和田芳治、県北レクリエーション協会、1999.3
『わたしを認めよ』瀬古浩爾、洋泉社、2000.11
『あなたの患者になりたい』佐伯晴子、医学書院、2003.10
『人と接するのがつらい』根本橘夫、文藝春秋、1999.11
『親子ストレス』汐見稔幸、平凡社、2000.5
『テレビ・ビデオが子どもの心を破壊している』片岡直樹、メタモル出版、2001.7
『殺意をえがく子どもたち』三沢直子　学陽書房、1998.4
『感性があぶない』寺内定夫、毎日新聞社、1989.1
『人間になれない子どもたち』清川輝基、枻出版社、2003.4
『自分の脳を自分で育てる』川島隆太、くもん出版、2001.3
『読み・書き・計算が子どもの脳を育てる』川島隆太、子どもの未来社、2002.8
『子どもに悩まされる親　親にだめにされる子供』伊藤幸弘・佐々木正美、扶桑社、2003.4
『あなたはひとりで悩みすぎ』榎本千賀子、すずさわ書店、1997.7

■付　録
資料1　授業エゴグラム調査より
資料2　アンケートに見る授業前と授業後の変化
資料3　乳幼児との関わりについてのアンケート調査結果

■資料1　授業エゴグラム調査より

(1)アンケートの概要

医学科1年次生（前期受講者）に対して、「ヒューマン・コミュニケーション1」授業を受講する前と半年間授業を体験した後で、東大式エゴグラムを利用して調査を実施した。

①**実施日**　2005年4月12日（授業1回目）
　　　　　　2005年7月26日（授業最終回の15回目）
②**対象者**　鳥取大学医学部医学科1年次生 39名（前期）

(2)アンケートの結果

①エゴグラム

合計、平均の数字からは、NP優位の人が多い集団のようだ。4月に比べて7月は、全体に点数が

表5-1　授業1回目と最終回の比較

		CP	NP	A	FC	AC
4月	合計	325	482	327	413	353
	平均	9.85	14.6	9.9	12.51	10.7
7月	合計	330	535	357	461	299
	平均	10	16.21	10.51	13.97	9.06

上がってエネルギーが増してきているが、ACだけは下がっている。これは、周囲への目を気にする人が減って、自己表現できていることがうかがえる。

■東大式エゴグラムとは

エゴグラムは、アメリカの精神科医エリック・バーンが創始した交流分析理論にもとづいて、弟子のジョン・デュセイによって考案されたもので、これを東京大学で翻訳開発したものが東大式エゴグラム（TEG）である。人がもっている心（自我状態）を五つの棒グラフで表し、これによって性格特性や行動パターンがわかる。

それぞれの項目は、次のような特徴を表している。

CP：理想を掲げる、責任感が強い、ルールや規則を守る、批判的であるなど、いわゆる「批判的な親」「父親的な親」の心

NP：思いやりがある、世話好き、同情しやすい、人に過度に干渉したりおせっかいな面もあるなど、いわゆる「養育的な親」「母親的な親」の心

A：今ここでのできごとや物事に対して適切に考え、感じ、行動する、いわゆる「大人」の心

FC：自由奔放、感情をストレートに表現する、好奇心がありチャレンジ精神が旺盛であり想像的である、活動的である、自己中心的でわがままな面もある、いわゆる「自由な子ども」の心

AC：協調性があり、素直で、自己主張が少なく遠慮がちであり、人の評価を気にする、依存心が強く人に頼る、よい子としてふるまうなどいわゆる「順応した子ども」の心

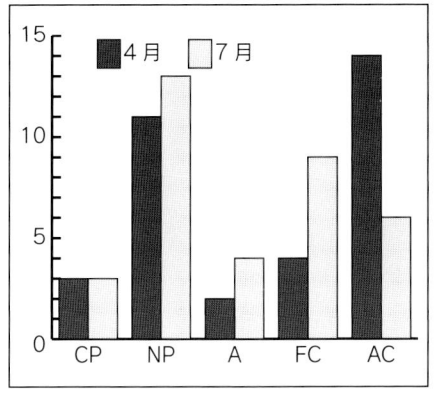

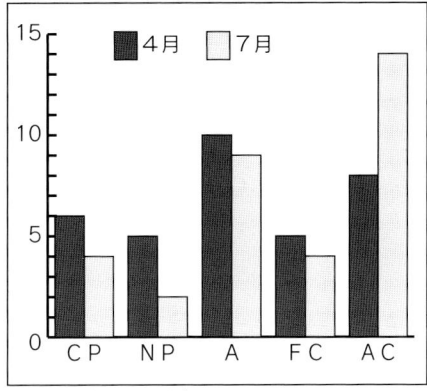

図5-1　ピークエゴグラム　　　　図5-2　ボトムエゴグラム

②ピークエゴグラム

　エゴグラムのなかでいちばん高い箇所が、その人の最も表しやすい自我状態である。そこで、エゴグラムのいちばん高い箇所がグループのなかでどのようになっているのかをグラフで表したものが、ピークエゴグラムである。4月時点では、順応した子どものACがピークの人が多く、ついでやさしい親のNPとなっている。やさしい人は多いが、周りに気をつかいながら行動する人も多い集団だった。7月にはNP優位の人が最も多く、AC優位の人が減って、自由な子どものFCがピークの人が増え、明るい集団となってきた。

③ボトムエゴグラム

　エゴグラムのなかでいちばん低い箇所が、その人の最も表しにくい自我状態である。それをグラフで表したものが、ボトムエゴグラムだ。4月時点では、ほぼ全体に散らばっていて、ややAとACの低い人が多かったが、7月にはACの低い人がかなり多くなっている。Aのボトムの人が相変わらず多く見られることは、Aが主導権を握る人が少ないことがうかがえる。

④まとめ

　NP優位でやさしい人の集団であるが、もう一方、他人の目を気にする人たちも多い集団でもあった。7月になって、FCとACのピークの人が逆転して、自分自身を出せるようになった人が増えている。ボトムエゴグラムからは、Aの機能の低い人が多くて、自己のコントロールに欠ける面が見られる。この4ヶ月で感情の揺さぶりがあったことが窺われる。

■資料2　アンケートに見る授業前と授業後の変化
(1)アンケートの概要
①実施日
　2005年10月4日（授業1回目）
　2006年2月7日（授業最終回の15回目）
②対象者
　医学科1年次生32名回答（後期39名受講）

(2)アンケートの結果
　半年間の授業を体験した結果、質問「①私は他人と関わるのが苦手ではない」、「②挨拶や自己紹介が苦手ではない」、「③相手と目線を合わせて、温かい眼差しで応対できる」からもわかるように、他人と関わることへの苦手意識が減っているほか、「わからない」と回答した学生も減っている。
　また、質問「④相手の表情や行動から相手の気持ちを汲み取ることができる」、「⑤相手の気持ちや考えを受け止めた上で行動することができる」からは、ホスピタリティ・マインド（思いやりの心）への気づきがたくさんあったのか、「相手の考えや気持ちを理解し、相手の心に寄り添い行動ができる」と回答した学生が倍増した。
　質問「⑥自分や仲間の長所を素直に認めることができる」、「⑩この授業は役立ち感を実感し自己肯定感を高める一助になっている」、「⑪この授業は医学科の仲間作りに役立っている」の回答からは、乳幼児との交流を中心とした学習のなかで、自分が生かされ、相手にも喜んでもらえる自他肯定の人間関係が育まれていることがわかる。さらに、質問「⑦乳幼児と触れ合うことは苦手ではない」からは、継続的な乳幼児との関わり体験をもつことが、乳幼児への苦手意識を少なくさせている。
　質問「⑨この授業はコミュニケーション力を高める一助になっている」からは、この授業がコミュニケーション力を高めるのに役立っていると回答した学生が8割以上に達している。

資料2

図 5-3 授業前・授業後の学生の変化

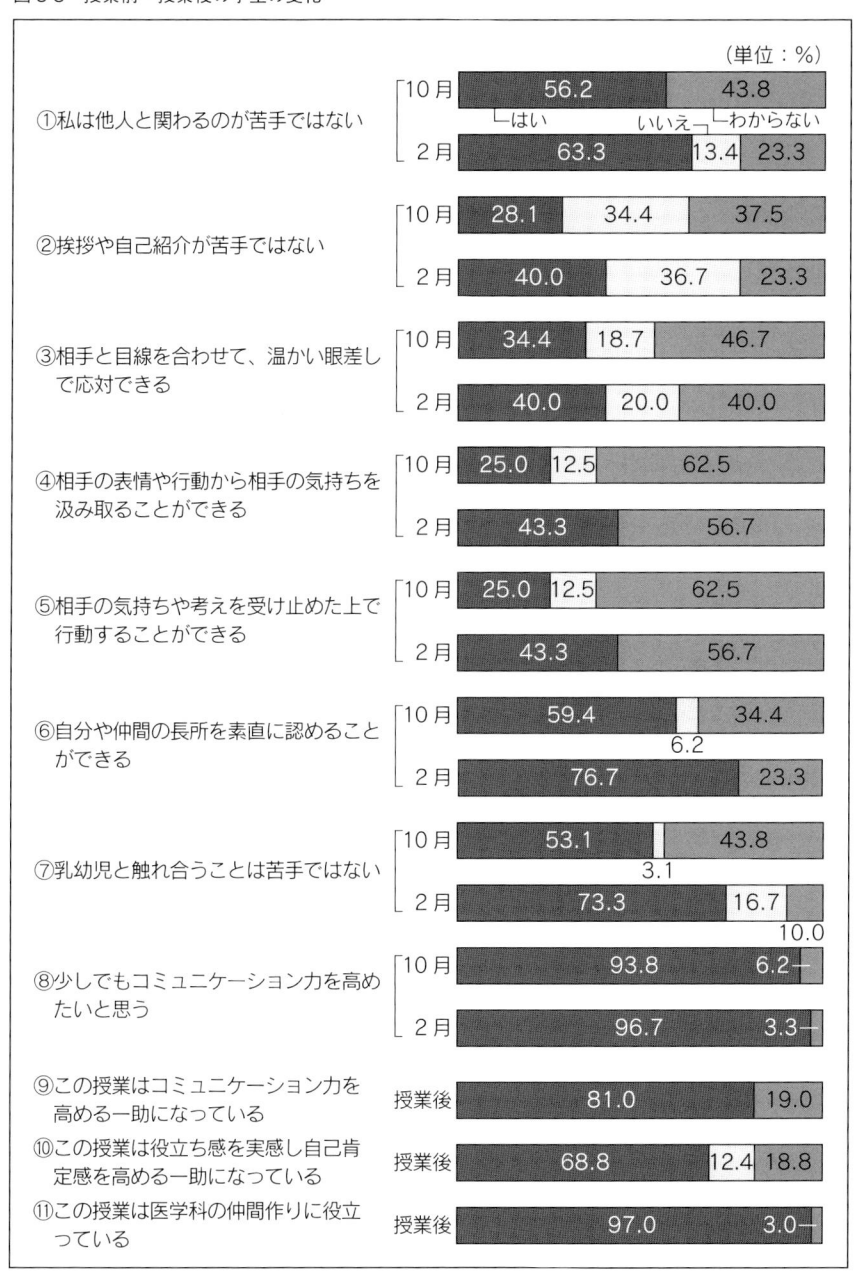

(単位：％)

①私は他人と関わるのが苦手ではない
- 10月: 56.2 / 43.8（はい／いいえ／わからない）
- 2月: 63.3 / 13.4 / 23.3

②挨拶や自己紹介が苦手ではない
- 10月: 28.1 / 34.4 / 37.5
- 2月: 40.0 / 36.7 / 23.3

③相手と目線を合わせて、温かい眼差しで応対できる
- 10月: 34.4 / 18.7 / 46.7
- 2月: 40.0 / 20.0 / 40.0

④相手の表情や行動から相手の気持ちを汲み取ることができる
- 10月: 25.0 / 12.5 / 62.5
- 2月: 43.3 / 56.7

⑤相手の気持ちや考えを受け止めた上で行動することができる
- 10月: 25.0 / 12.5 / 62.5
- 2月: 43.3 / 56.7

⑥自分や仲間の長所を素直に認めることができる
- 10月: 59.4 / 6.2 / 34.4
- 2月: 76.7 / 23.3

⑦乳幼児と触れ合うことは苦手ではない
- 10月: 53.1 / 3.1 / 43.8
- 2月: 73.3 / 16.7 / 10.0

⑧少しでもコミュニケーション力を高めたいと思う
- 10月: 93.8 / 6.2
- 2月: 96.7 / 3.3

⑨この授業はコミュニケーション力を高める一助になっている
- 授業後: 81.0 / 19.0

⑩この授業は役立ち感を実感し自己肯定感を高める一助になっている
- 授業後: 68.8 / 12.4 / 18.8

⑪この授業は医学科の仲間作りに役立っている
- 授業後: 97.0 / 3.0

■資料3　乳幼児との関わりについてのアンケート調査結果

鳥取大学医学部教育支援室・助教授　　髙塚　　人志
鳥取大学医学部教育支援室長・教授　　河合　　康明
鳥取大学理事・教育担当　　重政　　好弘

1. アンケートのねらい

　高度経済成長以前の日本の地域社会では、子どもたちが子守りをしながら小さな子どもの面倒をみて親になった。ところが、今日では少子化が進み、子守りをする子どもたちは少なくなり、親になってはじめて赤ちゃんと対面するという人も少なくない。そのことと、子育て不安や虐待とは無縁ではない。

　鳥取大学医学部医学科では、ヒューマン・コミュニケーション授業で、継続的な乳幼児との交流を実施し、幼いいのちにふれることでいのちの畏敬をはじめ、子育て、親への感謝、ホスピタリティ・マインド（思いやりの心）への気づき、役立ち感、自己肯定感などの点で、さまざまな成果をあげている。そこで、初等・中等教育を終え鳥取大学で学ぶ学生の乳幼児との関わりの実態を知るためにアンケートを実施した。

2. 調査対象

　　鳥取大学1年生　　　465名回答
　　　　工学部……電気電子工学科・機械工学科・応用数理工学科・
　　　　　　　　　知能情報工学科・土木工学科・社会開発システム工学科
　　　　地域学部…地域文化学科・地域環境学科
　　　　医学部……保健学科

3. 調査実施期間・場所

　　　2006年7月、鳥取大学湖山キャンパス内にて

4. 調査結果
(1) あなたは、今までに赤ちゃん（乳児）や幼児と接する機会がありましたか。
(a) 赤ちゃん（乳児・1歳未満）

①毎日のように接している	6.7(%)
②10回以上	22.4
③6～9回くらい	6.9
④1～5回	25.8
⑤ほとんど接したことがない	38.2

　赤ちゃんと「ほとんど接したことがない」と回答した学生は、38.2％とおよそ4割を占める。少子化が進み、家庭内で赤ちゃんと関わる機会がめっきり少なくなってきているなかにあって、学校や地域で赤ちゃんとふれあう場を提供するところが少しずつ広がりを見せているが、大学生になって赤ちゃんとの関わり体験が「ほとんどない」となると、多くの学生は自分が親になってはじめて赤ちゃんと向き合うことになる。

　体験がないということは、いのちへの畏敬、親への感謝、幼子を愛しいと思う気持ち、ヒューマン・コミュニケーション力やホスピタリティ・マインド（思いやりの心）への気づきなど、いわゆる人間愛、人間力といったものを育み、実感することなく親になったという不安やとまどいを常にもたらすこととなる。

(b) 幼児（1歳以降）

①毎日のように接している	5.3(%)
②10回以上	29.7
③6～9回くらい	7.3
④1～5回	27.9
⑤ほとんど接したことがない	29.8

　「ほとんど接したことがない」と回答した学生は、1歳児以降の幼児となると、29.8％とおよそ3割に減っていることがわかる。これは、学校現場や地域での活動に、幼児を対象としたものが多いことが要因として考えられる。

　それにしても、およそ3割の学生が幼児と「ほとんど接したことがない」ということは、赤ちゃんと同様にいのちの畏敬をはじめ、親への感謝、幼子を愛しいと思ったり、コミュニケーション力やホスピタリティ・マインドなどを育むことなく親になることであり、不安やとまどいがつきまとう。このことと、子育て不安や虐待とはまったく無縁ではない。

これまでは、学校・地域・家庭といった人間社会全体が人間力を育む場として機能してきたが、これからは、ヒューマン・コミュニケーション力やホスピタリティ・マインドなど、人間力について、高等教育においてもさらに育み、向上させる機能を有する必要性があることを示している。

(2)乳幼児とふれあう機会について
(a)乳幼児とふれあう機会が地域であったら参加しますか

①参加してみたい	32.0(%)
②参加したくない	22.3
③わからない	45.7

(b)乳幼児とふれあう授業が学校に必要ですか

①あったらうれしい	43.5(%)
②ないほうがいい	17.4
③わからない	39.1

地域での乳幼児との関わり体験の場を望んでいる学生は、32.0%とおよそ3割で3.1人に1人の割合である。それに比べ、大学の授業などでの乳幼児との関わり体験の場を望んでいる学生は、43.5%とおよそ4割で2.3人に1人の割合である。これは地域でのイベント的な形で関わり体験をもつより、大学の授業として体験の場をもつ方が比較的取り組みやすいからだろうか。

どちらにしても、乳幼児と関わることを望まないと回答したのは地域では22.3%、大学では17.4%と低く、地域で32.0%、大学で43.5%の学生が乳幼児との関わり体験を望んでいるということは、初等・中等教育の現場で乳幼児との関わり体験の取り組みが大きく前進しない限り、大学でのカリキュラムの位置づけなどの面で問題はあるにしても、今後一考すべきことだと考える。

(3)あなたは赤ちゃんに対してどのような感情をもっていますか
(a)かわいい・愛しいと思いますか

①かわいい・愛しい	79.1(%)
②きらい	1.6
③なんとも思わない	19.3

赤ちゃんに対して「かわいい・愛しい」という回答をした学生は、79.1%である。赤ちゃんに対して「きらい」と回答した学生は、1.6%と少ない。「なんとも思わない」と回答した学生は、19.3%とおよそ5人に1人の割合だ。赤ちゃんとの直接的なふれあい体験がないことも大きな要因の一つと考えられる。

(b)ふれてみたい・抱いてみたいと思いますか

①ふれてみたい・抱いてみたい	70.9(%)
②ふれたくない	5.1
③何とも思わない	24.0

　赤ちゃんに「ふれてみたい・抱いてみたい」と回答した学生は、70.9%である。赤ちゃんに「ふれたくない」と回答した学生は、5.1%と少ない。「なんとも思わない」と回答した学生は、24.0%とおよそ4人に1人。

　このことも、(a)の問いの考察と同様に赤ちゃんとの直接的なふれあい体験がないことも大きな要因の一つと考えられる。

(c)将来は赤ちゃんがほしいですか

①将来は赤ちゃんがほしい	72.2(%)
②赤ちゃんはほしくない	5.3
③なんとも思わない	22.5

　「将来は赤ちゃんがほしい」と回答した学生は、72.2%とおよそ4人に3人である。「赤ちゃんはほしくない」と回答した学生は、5.3%と少ない。しかし、「なんとも思わない」と回答した学生が、22.5%とおよそ4人に1人いる。

　この割合は、これまでのアンケートの問いから、赤ちゃんや幼児と日常生活のなかにふれあう直接体験がないこととまったく無縁ではない。

(4)あなたの親への思いをきかせてください

①親に感謝している・好き	85.4(%)
②感謝していない・きらい	2.6
③なんとも思わない	12.0

〈理　　由〉
①親に感謝している・好き
　　・ここまで自分を育ててくれたから（72名）
　　・大学に行かせてもらったから（18名）
　　・すべてに感謝している（5名）
　　・常に世話になっているし尊敬している（3名）
　　・いつでも自分の味方だから（2名）　……
②感謝していない・きらい
　　・感謝しているが好きではない（4名）　……
〈親に言いたいこと〉
　　・育ててくれてありがとう（68名）
　　・感謝しています（7名）
　　・長生きしてください（4名）　……
〈気になる言葉〉
　　・過保護はやめて欲しい（3名）　……

　「親に感謝している・好き」とさまざまなメッセージを綴り回答した学生は、85.4％と高い数値であるが、「過保護はやめてほしい」「もう会いたくない」「生んで欲しくなかった」「育て方が間違っていたんじゃないか」「もっと愛して欲しかった」という気になる言葉も目立った。

(5) 親になること、子育てについて不安は感じますか

①不安はある	66.7(%)
②不安はない	8.0
③わからない	25.3

　「親になること・子育て」についての問いで、「不安はない」と回答した学生はわずか8.0％であり、「不安はある」と回答した学生は、66.7％とおよそ3人に2人、「わからない」は25.3％と4人に1人いる。
　これらは、一昔前のように、幼い頃からの子守り体験など、家庭や地域で乳幼児と関わる体験がなく、「親になるための学び」が多くの若者たちになくなっ

てきたことが大きな要因の一つと考えられる。

　若者を取り巻く社会環境の変化が、高等教育においても、人として社会を構成するための倫理をはじめとした人間性を発現、育む教育の必要性を生み出していることは、本アンケート調査からも窺うことができる。鳥取大学は「知と実践の融合」を理念に掲げ、「教養豊かな人材養成」、「地球的・人類的・社会的課題解決への先端的研究」、「地域社会の産業と文化等への寄与」の三つの目標のもと、教育重視の大学運営を表明している。そのなかで、鳥取大学生を対象とした今回のアンケートは、高等教育においても、「人間力を根底に置いた教育プログラム」が必要であることを強く示唆している。

5. 提　　言

　大学教育の現場にも乳幼児との交流は必要だが、できるだけ早期に、小・中・高校教育の現場で継続的な乳幼児との交流を実践する。

　家庭教育に関する国際比較調査（財団法人日本女性学習財団、2005 年）によると、「日本の親は親になる前に子どもの世話をする経験が少なく、本に頼りがちで親になるための経験や学習をせず、経験が浅い人が親になっていると考えられる」とのことである。

　よって、すべての子どもたちが親や大人になることを考えると、初等・中等教育の現場で、早期にすべての子どもたちが赤ちゃんや幼児と継続的な関わり体験を経験することが、人間関係の基本を学ぶことをはじめ、ホスピタリティ・マインド（思いやりの心）への気づき、いのちの畏敬、親への感謝、役立ち感、自己肯定感、コミュニケーション力などを育むことにつながる。

　そして、何よりの少子化対策、子育て支援、次世代育成、虐待予防になると考えられる。つまり、全国の小・中・高校生がこのような授業を受ける体制に変われば、10 年後の子育ては確実に変わるだろう。ホスピタリティ・マインドへの気づきや自尊心を高め、子どもたちの将来を明るくし、次の親世代の子育てを変え、健全な次世代育成へとつながっていく。そんな親たちが豊かな人間関係の中で、地域や職場に生きる。そうすることで、日本の国が今以上に思いやりにあふれ、生き生きと活気に満ちた国になる。日本が変わるはずだ。

　また、交流相手である乳幼児やその保護者、保育園側にとっても継続的な交

流はメリットが多い。乳児にとっては、他人から愛される体験を通し、安心感や信頼感といった心の礎（自分の存在に対する自信など）となったり、幼児にとっての人との関わりは、社会性の広がりであり、お互いが大切な存在となり豊かな人間成長を促したり、自発性などの基盤づくり、自分の将来像を描く具体的なモデル提示となるなど、重要な体験の場となる。

　保護者にとっても、継続的な交流で園児一人ひとりが心を揺さぶられることで、親子の関わりも増え、わが子の理解につながり、親子関係もよくなる。保育園側もマンツーマンの関わりをもつことで、園児たちの活動にも広がりをもたせることができたり、専門的な知識はなくても真剣なまなざしで園児に寄り添う小・中・高校生から学ぶことも多い。

おわりに

　「『仁』という漢字は人偏に二で、一人ではなく二人を指しています。人ありて我あり。他を慈しむ心、これ即ち『仁』です。自分のことばかり考えるのではなく、他人の立場になって考えることです。この人が何をどう考え、どう悩んでいるかを考えること。……
　『医は仁術』という言葉がありますから、『仁＝医学』と考えがちですが、これは間違いでして、『仁』というのは人として兼ね備えるべき徳目の中で最も重要な、最高の徳目として揚げられているものです。他人のことも考えなさい、ということです。……」
　これは、私の母校・順天堂大学から送られてきた『順天堂だより』247号（2006年7月）に掲載された、2006年度順天堂大学大学院入学式での小川秀興理事長・学長の式辞の一部である。この「人ありて我あり。他を慈しむ心。他人の立場になって考えること」は、1994年から鳥取県立赤碕高校の「人間関係づくり授業」と2005年から鳥取大学で実践している「ヒューマン・コミュニケーション授業」などのなかで大切にしてきているねらいの一つでもある。

　　　　　　　　　　＊　　　　　　＊　　　　　　＊

　私は、鳥取大学に学ぶ一般学生を対象とした「人として（すてきなあなたになるために）」という人間関係・コミュニケーションについての授業を担当しているが、2006年度前期に受講した学生が以下のような感想を書いている。
　「これぞ『一期一会』ですね。最初は、ただ、講義名がおもしろかったから受講したけど、こんなに自分の考え方に変化をもたらしてくれるとは思っていなくて驚いた。私はこの授業を受ける前も人見知りをしないし、けっこう友だち思いだと自分で思っていたけれど、授業を受けていくうちに自分はまだまだだと切実に感じた。人の気持ちになって考えているつもり、話を聴いているつもりだった。なんだかんだで自分勝手な自分だった。そんな私がこの授業を受け出して自分を見つめ直す機会が多くなった。そうすると、自分のいいところも悪いところも見えるようになってきて、自分を見つめ直すことで自分に余裕ができたぶん、ちょっとしたことでも喜びを感じるようになったし、そばにいる人を思いやれるようになってきた。この授業は私の人生に大きな影響を与え

てくれました。後期も受講したいです。」

　また、2006年春から1年半にわたりヒューマン・コミュニケーション授業を受講することになった医学科1年の男子学生は、前期のコミュニケーション力を高める「気づきの体験学習」、乳幼児と10週間の継続交流を終えた後、次のような感想を寄せている。

　「初対面の人と話せるという自信はあったが、この授業でその自信は打ち砕かれた。純粋な保育園児には体裁だけの態度は、通用せず自分の根っこの部分で接しないといけないので苦労した。自分から心を開き、相手が心を開いてくれるまで接することはとても大切なことだと気づかされた。さらに、笑顔を自分から出すことで相手にも笑顔が増え、パートナーとの距離がぐんと近づいたことを実感し笑顔の大切さに気づかされた。

　気づきの体験学習では、自分が人の話をどれほど真剣に聴かず、自分の話したいことばかり口にしているかがわかり、ふだんの生活の中でも意識して人の話が聴けるようになったと思う。はじめは、嫌な授業だと思っていたが、日常生活の中でこれほど役に立つ授業はないと思い、だんだん真剣に授業に取り組むようになった。もう一つ、なにより、今まで人を傷つける態度を平気でとっていたことにも気づかされ、今までの自分を恥じるようにもなった。この授業を通して気づけたことはとても大きい。」

　このように、二人の学生のメッセージからは、ひたすら自分と向き合い、自分を見つめ、今の自分自身の人間関係やコミュニケーションのあり方を見直し、どのような人間関係をつくっていくべきか、心が大きく揺さぶられていることがわかる。

　この授業実践を積み重ねるうちにマザー・テレサのことを知った。マザー・テレサは、「人々にとって必要なのは、世の中で誰かに必要とされているという意識なんです」と語っている。まさに、私の授業もそばにいる人から「思いやられた」「喜ばれた」「大切にされた」という体験を刷り込むこともねらいの一つだ。そばにいる人から「思いやられた」「大切にされた」という経験のある子どもたちは、苦しいときも決して自らを傷つけることなく生き抜き、将来

にわたり人を思いやる人になるだろう。

　一昨年末、父が肺ガンと向き合うことになった。皮肉にも、弟は40歳の若さで父と同じ肺ガンでこの世を去っている。わが家を出るとき、「さよなら」と言った父。もう戻ってこられないと思ったのだろうか。私は、手術室に入るまで、車いすに乗った父に寄り添い、父の手を握った。「大丈夫だよ！」と声をかけた。父が涙を流した。その父が、幸いにもいのちをいただいて新年を家族と一緒に迎えている。

　この11年間、「ひたすら自分と向き合い、自分を見つめ、今の自分自身の人間関係を見直し、どのような人間関係をつくっていくのかを考えよう」と、高校生や大学生に伝えてきたが、はたして自分はどうなのだろうか。「自分を産み育ててくれた母や父を大切にしているだろうか」「妻や子どもたちを大切にしているだろうか」と、思い知らされた。

＊　　　　＊　　　　＊

　最後になりましたが、まとまりのない原稿を一冊の本として世に出してくださった大修館書店編集部の綾部健三氏や、すばらしい装丁に仕上げてくださった石山智博氏、鳥取県立赤碕高校および鳥取大学の取り組みに対して心からご支援してくださっている交流先の施設をはじめ、関係各位に深甚なる謝意を表します。この本が21世紀を担う子どもたちの人としての成長に役立ち、ホスピタリティ・マインド（思いやりの心）にあふれる日本になることを願っています。

2007年1月　高塚人志

■著者紹介
高塚 人志（たかつか ひとし）
1950年生まれ。順天堂大学体育学部卒業。鳥取県立倉吉西高校、同倉吉東高校、同赤碕高校保健体育科教師を経て、2005年4月から鳥取大学医学部教育支援室助教授。文部科学省中央教育審議会専門委員、「とっとりコミュニケーション研究会」会長。

□おもな著書
『いのち輝け子どもたち―食といのちと心のぬくもり―』今井書店
『いのちにふれる授業』小学館
『17歳が変わる』小学館
『食卓からの叫び』富士書店
『21世紀を担う子どもたちのために』富士書店
『自分が好きになっていく』アリス館

□ホームページ
http://hp1.tcbnet.ne.jp/~taka255/index.html

いのちを慈しむヒューマン・コミュニケーション授業
©Hitoshi Takatsuka 2007　　NDC375　187P 21cm

初版第1刷──2007年2月20日

著　者──高塚人志
発行者──鈴木一行
発行所──株式会社大修館書店
　　　　〒101-8466　東京都千代田区神田錦町3-24
　　　　電話　03-3295-6231（販売部）　03-3294-2358（編集部）
　　　　振替　00190-7-40504
　　　　[出版情報] http://www.taishukan.co.jp
　　　　　　　　　http://www.taishukan-sport.jp（体育・スポーツ）

装丁・口絵──石山智博
写真撮影・絵手紙──高塚人志
本文レイアウト──加藤　智
印刷・製本──図書印刷

ISBN978-4-469-26629-0　Printed in Japan
Ⓡ本書の全部または一部を無断で複写複製（コピー）することは、著作権法上での例外を除き禁じられています。